小学館文庫

宮本武蔵
最強伝説の真実

井沢元彦

小学館文庫

装丁／岡本洋平
装画／涌井陽一
編集協力／稲本義彦
地図制作／タナカデザイン

目次

宮本武蔵 関連地図

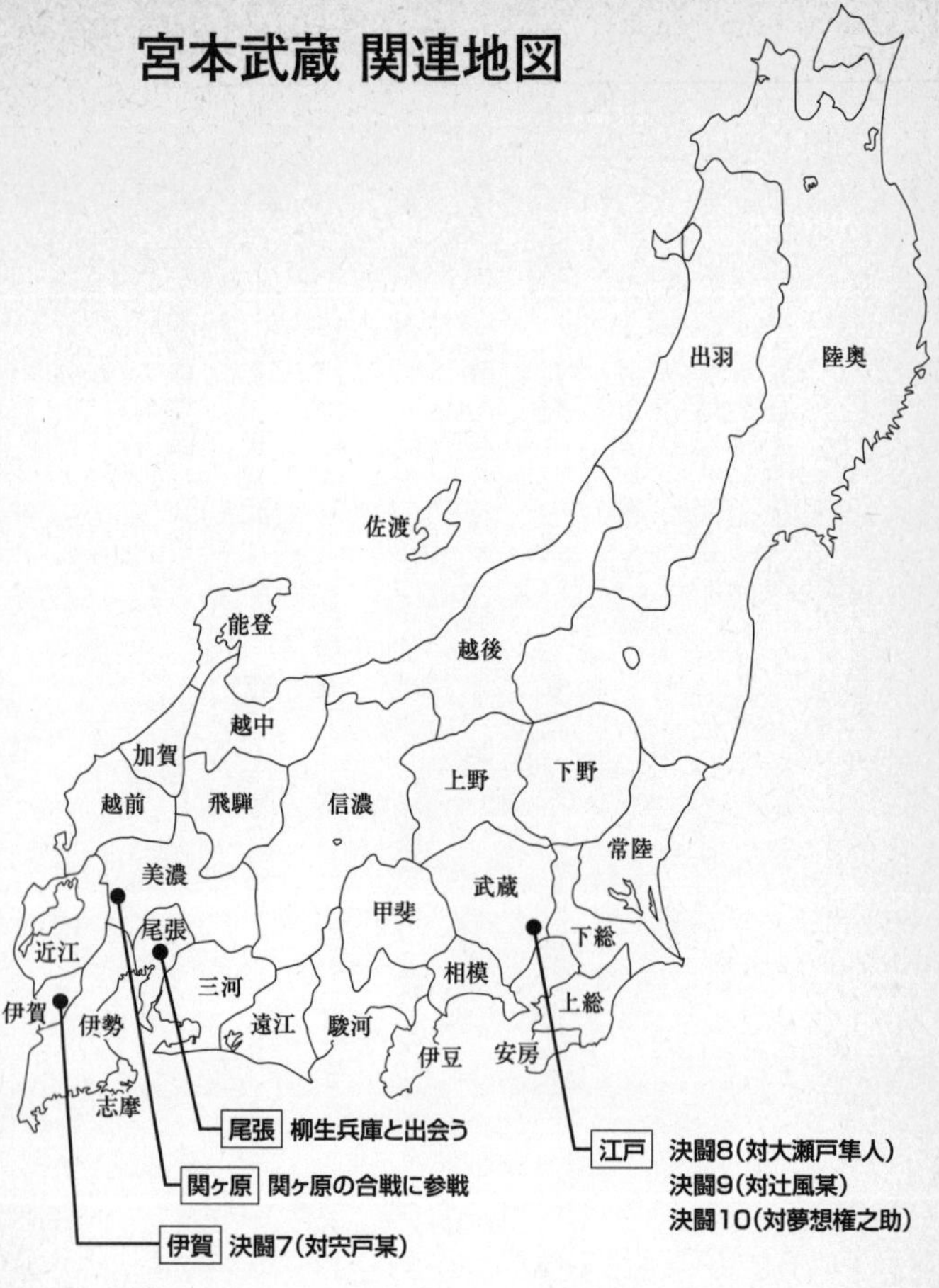
出羽
陸奥
佐渡
能登
越後
越中
加賀
越前
飛騨
信濃
上野
下野
常陸
美濃
武蔵
甲斐
尾張
下総
近江
三河
相模
上総
伊賀
伊勢
遠江
駿河
伊豆
安房
志摩
尾張 柳生兵庫と出会う
江戸 決闘8(対大瀬戸隼人)
決闘9(対辻風某)
決闘10(対夢想権之助)
関ヶ原 関ヶ原の合戦に参戦
伊賀 決闘7(対宍戸某)

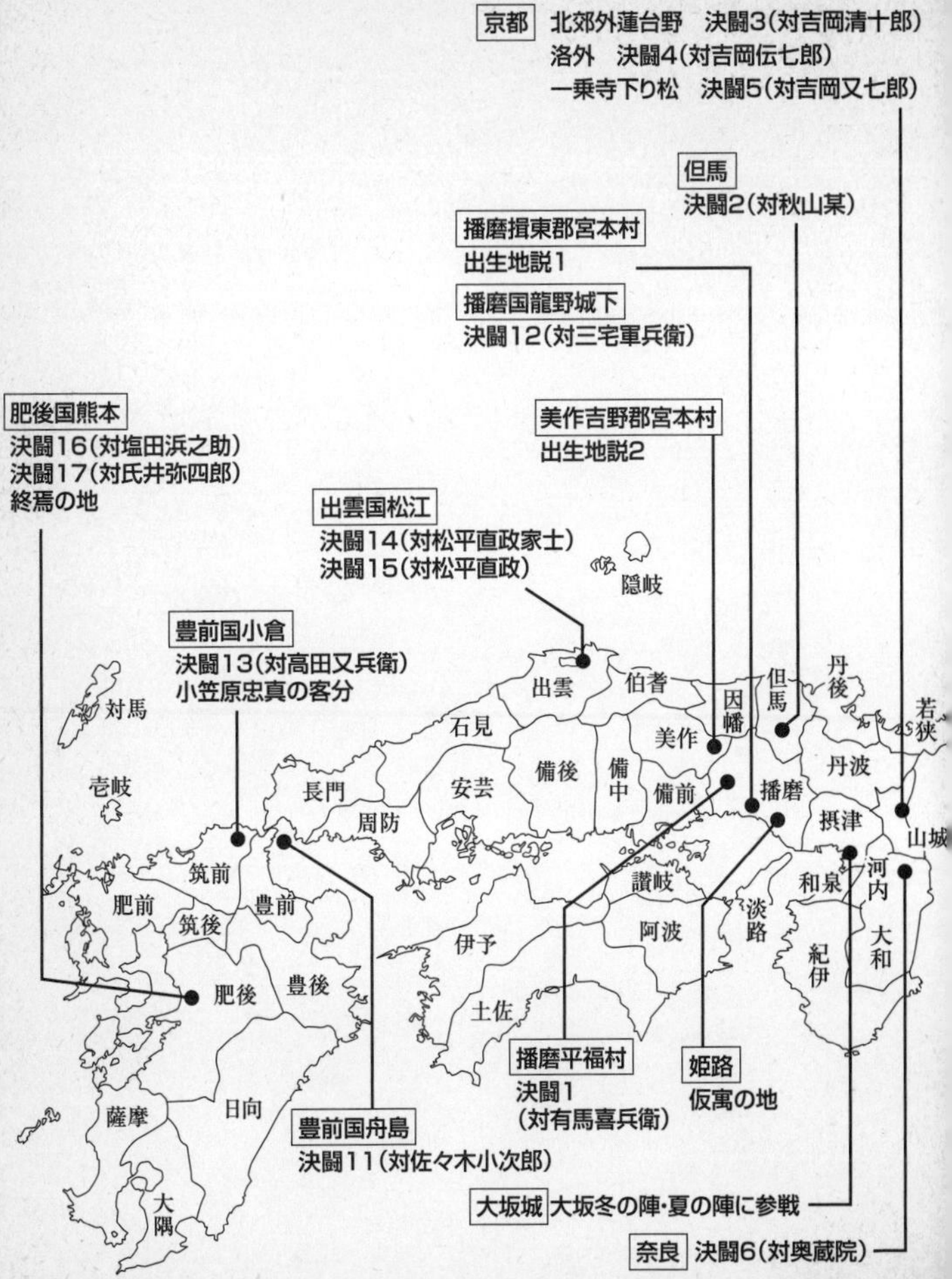
京都
北郊外蓮台野　決闘3(対吉岡清十郎)
洛外　決闘4(対吉岡伝七郎)
一乗寺下り松　決闘5(対吉岡又七郎)
但馬
決闘2(対秋山某)
播磨揖東郡宮本村
出生地説1
播磨国龍野城下
決闘12(対三宅軍兵衛)
肥後国熊本
決闘16(対塩田浜之助)
決闘17(対氏井弥四郎)
終焉の地
美作吉野郡宮本村
出生地説2
出雲国松江
決闘14(対松平直政家士)
決闘15(対松平直政)
隠岐
豊前国小倉
決闘13(対高田又兵衛)
小笠原忠真の客分
対馬
壱岐
出雲
伯耆
因幡
但馬
丹後
若狭
石見
美作
丹波
長門
安芸
備後
備中
備前
播磨
摂津
山城
周防
筑前
豊前
讃岐
淡路
和泉
河内
肥前
筑後
阿波
伊予
紀伊
大和
肥後
豊後
土佐
播磨平福村
決闘1
(対有馬喜兵衛)
姫路
仮寓の地
薩摩
日向
豊前国舟島
決闘11(対佐々木小次郎)
大隅
大坂城　大坂冬の陣・夏の陣に参戦
奈良　決闘6(対奥蔵院)

序

いま、なぜ武蔵か

いま、ふたたび「武蔵」

言うまでもなく、宮本武蔵という人物は、日本の歴史上に実在した兵法家《ひょうほうか》です。最近では井上雄彦《たけひこ》氏の漫画『バガボンド』が大人気を博したこともあり、時代劇ファンの年配の方はもとより、若い人たちにもよく知られるようになりました。二〇〇三年にはＮＨＫの大河ドラマにもなり、一層のブームになりました。

いつの世にも、時代が求めるヒーローというものは存在するもので、武蔵もこれまでに何度か脚光を浴びたことがあります。

吉川英治の小説『宮本武蔵』が新聞に連載された戦前の一時期もそうですし、ご存じ中村錦之助（萬屋錦之介）が、「これぞ武蔵」というはまり役を演じた昭和三十六年頃もそうでした。

いずれのブームにも、たとえば軍国主義的な意味合いや武道人気といった、それなりの背景があります。では、いまの武蔵人気の裏側には、人々のどのような心理があるのでしょうか。

現代という乱世

私が最近思うことは、「われわれはいま〝乱世〟にさしかかっている」、あるいは「非常に困難な時代を生きている」ということです。

おそらく皆さんが実感されていることと思いますが、最近の新聞、ニュースの話題には明るい話はほとんどありません。政治、経済、行政、社会保障、ビジネス、教育、そして最近なにかと取り沙汰《ざた》されている外交問題も、すべて出口の見えない閉塞感《へいそくかん》に満ちています。それは、戦後日本が作ったあらゆる制度が、五十年を経てガタガタになってしまったからです。建物が古びてボタボタ雨漏りするような状態になっているのに、どのように建て直したらいいのかわからないという、まったくの手詰まり状態です。

このような時代に、人々がまず求めるのは強いリーダーシップを持つ改革者です。となると、即座に思いつくのは、たとえば「織田信長」のような人物でしょうか。しかし、現代人の心情は少し違う気がします。もちろん、一方では彼のような改革者も求めてはいます。しかし、いまの人々の興味の核心は、「世の中を変えてくれる人間をいかに探すか」ではなく、「自分自身が、困難な世の中をいかに生きるか」であり、その手本となるような人を求めているのです。

これは、現代人が、国政にたずさわる政治家という存在にほとほと愛想をつかしていることの現れでもありますし、国家、あるいは自分の所属する社会や組織の枠組みがどうあろうと、それぞれが個人としての独自の生き方を模索しはじめていることとも関係すると思います。

そこで、武蔵です。

いまを生きるヒント

宮本武蔵は晩年こそ熊本の細川家に客分として遇されますが、生涯のほとんどを無所属の牢人《ろうにん》（浪人）として過ごした、いわば流浪の剣客《けんかく》でした。師はなく、独学でみずからを鍛錬し、その道の達人になった独立心旺盛《おうせい》な人物です。彼の生きた時代は彼にとっては生きづらい世の中でしたが、時流に合わなくても信念を曲げることなく、みずからの生き方を貫きました。

このような生き様であったからこそ、武蔵はいまの日本人にとって非常に魅力的に映るのではないでしょうか。

武蔵が「生涯に六十余度戦って負けたことがない」という点に関しては異論もありますが、私個人としては、正確な回数はおくとしても、ほんとうのことだろうと思っています。というのも、武蔵の著書である『五輪書《ごりんのしょ》』は歴史上類をみないほど卓越した兵法書であり、そこに記されていることは、真に才能と経験にあふれた人間でしかけっして書きえない内容だからです。

また、この本は兵法書でありながら、兵法書を超えた思想書としての側面も持っており、しかも「達意の文章」で綴《つづ》られています。このような点からも、私は武蔵は非常に優れた身体能力と優れた知性を併せ持った天才的人物であった、とみています。

誰の真似もしない独自性、権力に取り込まれない自由さ、また、時代に受け入れられなくてもわが道を行く精神的な強靱《きょうじん》さ――。武蔵は現代の目からも面白く見えるキーワードをたくさん持っています。

とはいえ、彼は史料も少なく謎も多い人間ですから、その言い伝えのなかには後世の人間が想像で補った面も多く含まれています。しかし、想像で補われた部分にこそ、人々の「こうあってほしい」という願望が反映されている側面もある。そうした視点から、合わせ鏡のようにわれわれ自身の心を覗《のぞ》き見るのも興味深いのではないでしょうか。

このような意味で、この本では一般の歴史書のようにいわゆる武蔵の史実そのものを探求するよりも、日本人と武蔵、武蔵を通して見えてくる時代の価値観、あるいはさまざまな武蔵像のなかに反映されたわれわれの願望といったものを、現代的な視点からとらえることに主眼を置きたいと思います。

たとえば、武蔵という人間が置かれていた立場を考えることによって、その時代の観念が浮き彫りになりますし、さまざまな作品に描かれた武蔵像を見ることによって、われわれが時代時代で理想とする人間像が明らかになったりします。見る角度や視点によって違う姿が現れてくるのも、歴史の妙味です。

この本をお読みになる方も、それぞれに武蔵の面白いと思われる点に注目し、自分なりの解釈をしたり、参考になさったりしてみてください。

小説や映画によって常に新しい武蔵が生まれるように、あなたなりの新たな武蔵最強伝説が生まれるかもしれません。

第一章

時代からはみ出した英雄——戦国と江戸のはざま

宮本武蔵肖像（熊本・島田美術館蔵）
作者・制作時期は不詳ながら、江戸時代前期のすぐれた技量の絵師によるもので、その出来映えから武蔵の自画像という伝承もある。両刀を手に取り、さりげなく立つそのさまは、むだな力が抜けているようでいて眼光は鋭い。武蔵は生涯風呂に入らなかったというが、さもありなんといわんばかりの蓬髪だ。

遅れてきた英雄

宮本武蔵は歴史上最強の部類に属する武芸者でありましたが、生存中は不遇のうちに過ごしました。

武蔵は自分の腕を頼りに身を立て名をあげ、出世したいと考えていました。また、将軍家か、さもなくば五十万石クラスの大大名に抱えられ、剣術の指南役になりたいという希望も持っていました。じっさい、実力としてはまったく不足はなかったと思います。しかし、最晩年に熊本の細川家に迎えられるまで、ほとんど一介の牢人でした。

彼ほどの達人が、なぜこのような憂き目に遭わなければならなかったのか。この章では、武蔵が時代に受け入れられなかった理由を考えてみたいと思います。

武蔵を評するときによく使われる言葉に、「遅れてきた英雄」という表現があります。すなわち、「生まれるのが遅すぎた」――。たしかにこれは大きな理由の一つではあります。では武蔵が生まれたのはどんな時代だったのでしょうか。

「一億総ゴルゴ13時代」の終焉

武蔵が生まれたのは天正十二年（一五八四）のことといわれ（一説には天正十年ともいいます）、織田信長が本能寺の変で斃《たお》れたのち、豊臣秀吉がその後をついで天下統一の階段を駆け上りつつあった時代です。ちょうど「戦国時代が終わりかけた頃」といってよいでしょう。

戦国時代とは、政治区分でいえば室町時代末期にあたります。室町時代も初期の頃は将軍の権威があり、政府もしっかりしていたのですが、だんだん力が衰えていき、これにともない、たとえば上杉謙信や武田信玄のような地方大名や土豪が領土争奪戦を繰り広げるようになりました。まさに「群雄割拠」の状態です。政府の統制機能さえしっかりしていればこのようなことは起こらないのですが、その力が崩壊してしまったために、抑えがきかなくなったのです。

中央政権が確固として存在する場合は、人はその秩序なり階級制度に従って生きねばなりません。が、それがなければ、実力次第、勝手次第、切り取り次第にのし上がれる。ですから、野心に富んだ青年にとっては生きやすい時代だったともいえます。

秀吉がその潮流に乗った典型です。彼は当時の、言わば下層階級の出身ですから、平和な時代であれば、武士にさえなれたかどうか。しかし、彼は皇族以外では最高の位である関白にまで上りつめました。

戦国時代とは、平和に暮らしたい人にとっては悪夢であったろうけれども、身分の低い者にとってはたいへんに夢のある時代だったわけです。

伝えるところでは、武蔵は十三歳で初めて有馬喜兵衛という武芸者と決闘し、続いて秋山某という剛の者を破り、これを機に単身故郷を出奔、回国修行に出たといいます。当時、世の中にはこのような修行者がうようよしていて、みな、同じように立身出世を目指していました。彼らにとって最高の目標となったのは、やはり秀吉です。武蔵もやはり、自分も頑張ればあのように成功できる、と青雲の志を抱いていたのではないでしょうか。

しかし、そんな夢のある時代も、不幸なことに、彼が少年から青年になる頃にはすでに終わろうとしていました。

武蔵が十歳の頃には、国内での戦《いくさ》はほとんど片がついてしまい、秀吉は「国内ではもうやるべき戦はなくなったから、外国でやろう」といった次第で朝鮮出兵を始めていましたし、「今後もオレのような人間が出てきたら困る」というわけで、刀狩りなどにもとりかかっていました。

せめてあと三十年くらい早ければ、信長がどこの馬の骨とも知れぬ秀吉を取り立てたように、武蔵の人生ももう少し違ったかもしれません。この点が、武蔵が「遅れてきた」といわれるゆえんです。

とはいえ、武蔵の出身は馬の骨というほどひどくはなく、いちおう武士の子であろうと私は考えています。ちなみに、彼の父は平田無二斎（名前については、宮本武仁、平田武仁、新免無二斎《しんめん》、平尾無二之助など諸説あります）といい、播磨国《はりま》、あるいは美作国《みまさか》の新免氏に仕える兵法家であったと伝えています。ですから、それほど下層階級ではなかったのですが、かといって、何もしなくても自動的に栄達の途が開けているような家柄では、もちろんありません。

戦国という時代についてはさまざまな定義があるのですが、一言でいうとすれば、「人を殺すと褒《ほ》められる時代」だったということではないでしょうか。私はこれを冗談で「一億総ゴルゴ13時代」と呼んでいるのですが、あながち冗談でもないようです。

当時の人間にとって、手柄を立てることとは敵を倒すことであり、もっと具体的に言えば、敵の首を持ってくることです。平時においては、これは完璧《かんぺき》な「殺人」であるに違いない。にもかかわらず、殺人を犯せば犯すほど、栄達につながったのです。

まことに殺伐とした時代でありましたが、たしかに、当時は「殺人の技術」というものが社会的に有用な技術として認められていましたし、殺人技術に長《た》けた人間がもてはやされたのです。

ところが、そこに、そうした潮流を押しとどめる人間が登場してきました。徳川家康です。

家康が行った歴史上最大の功績は、人を殺せば褒められていた社会を、平和こそ最高であるとする社会に転換させたことにあります。これによって、以後、殺人技術で食べていた人間たちは、みな用済みとなっていくのです。

武蔵が「関ヶ原の合戦」に参戦していたことはよく知られています。十七歳のときのことです。これも、おそらくなんとか手柄をあげて出世に結びつけたい、有力な武将の目に留まりたい、といった心からであったでしょう。結局、それは無駄な努力となるのですが、当時を生きている彼らは、時代が変わりつつあることなど知る由もありません。

一般に、関ヶ原合戦は徳川一派と豊臣一派の戦いであり、福島、加藤、井伊、石田、毛利、宇喜多、小早川といった名のある大名の浮き沈みばかりに目が行きます。しかし、戦いの底辺には、このように、世紀の大一番に便乗して——すなわち、「陣場借り

（私的参戦）」をして──功名に結びつけようとする有象無象の人間がうようよしていたのです。

そして、彼らの多くが、この戦以後、「秀吉的な出世」に完全に別れを告げさせられることになりました（厳密にいえば、まだこのあとに「大坂の陣」など大きな合戦もあるのですが、ここでは大局的な意味のみ受け取ってください）。

長い歴史のなかで見れば、関ヶ原合戦というのは、川中島合戦とか、長篠《ながしの》合戦といった少し前のいわゆる戦国時代の合戦とはまったく意味が違います。なぜなら、それは徳川家康という大政治家の時代の始まり、武蔵のような野望を持つ人間を決定的に生きづらくさせる時代の始まりを意味していたからです。

「平和な時代」と「建前の剣術」

戦争をやめさせ、平和な世の中を実現する──。これは口で言うにはたやすいですが、じっさいにはきわめて難しい仕事です。しかし、徳川家康はこれをたいへん巧みに成し遂げました。

普通に考えれば、戦争が終われば兵士は失職します。兵士が必要ない世の中になる。

しかし、それまで日本の社会の中枢を動かしていたのはすべて武士なので、彼らをリストラしてしまったら誰も残りません。そこで、家康は軍隊は軍隊のまま、武士は武士のまま残し、かつ、その配置（役割）を転換させるという方法をとりました。名目上は、家康は「将軍」、すなわち軍隊の長ですから、彼をトップとする旗本、御家人といった家来はすべて兵士です。しかし、その組織は同時に政事《まつりごと》を行う官僚機構でもあり、平時は御書院番、勘定方といった官僚として働かせる。このような形をとることによって、家康は武士のクビを一人も切らずして時代を変えることに成功したのです。

戦士でもあり事務屋でもあるなどという「二足のワラジ」は、なかなか両立できるものではありません。たとえば、ふだんは財務や経理を担当して日がな一日カネ勘定をしているのに、いざ敵が出現したら突如優秀な剣客と化して、一刀両断に斬《き》って捨てねばならない。このような芸当は、通俗時代劇などではよく見られますが、じっさいには不可能です。しかし、この時代の「建前」としては、あくまでもそうでなければならなかったのです。

家康が家臣たちに二足のワラジをはかせたのは、戦いのない平和な世の中を標榜《ひょうぼう》しながらも、どうしても軍事力を持っておかねばならないという事情にもよっていました。

江戸時代においても、完全に「文治政治」を表看板に掲げるようになったのは五代将軍の綱吉の頃からであり、家康の頃はいちおう「武断政治」です。いちおう、というのは、軍事力を用いるような状況は現実には起こってはならないのだけれども、「もし逆らう者があれば、実力行使して叩《たた》きつぶすぞ」という脅し、あるいは牽制《けんせい》のために、とにもかくにも武力を備えておかねばならなかった、という意味です。

ですから、「伝家の宝刀」的な意味合いもあります。まだ戦国の遺風が完全に抜け切らない世の中ですから、そうした備えがぜひとも必要だったのです。

とはいえ、世の中が平和になればなるほど、武士のなかから「生きるか死ぬか」という緊張感は失われていきますし、戦争が起こらなければ腕をふるう機会もありません。当然の結果として、武士は「なまくら」になっていきます。

ちなみに、江戸時代に興隆した学問に、「軍学」というものがありますが、これは、戦争がなくなったからこそ必要になった学問でした。軍学とは、兵の動かし方や組織方法、戦略の立て方、降伏の仕方、あるいは敵の首を見るときの作法といったものについての知識です。戦国時代であれば誰でも知っていることですから、ことさら勉強する必要はありませんでしたが、戦争をする機会がなくなって忘れ去られそうになったために、わざわざ教わる必要が出てきたのです。

これと同じようなことが、剣術の世界にも起こりました。すなわち、実際に刀をふるう機会が少なくなったために、その技法を教える指導者が必要になったのです。

ただし、戦国時代と違って平和な時代の、言ってみれば建前的な剣術ですから、「人を殺すこと」を真剣に考える必要はありません。むしろ、本格的な殺人技術を教えられては困る。そこで、江戸時代においてはある意味で「あく」の抜けた無難な剣術、もしくは精神修養的な武芸が求められました。

その流れにうまく乗ったのが、将軍家の兵法指南役となった柳生但馬守宗矩《やぎゅうたじまのかみむねのり》でした。柳生新陰流は、自分たちの武芸の要諦《ようてい》を、人を殺す剣「殺人刀《せつにんとう》」ではなく、人を生かし、人を治める「活人剣《かつじんけん》」であると位置づけました。これが徳川幕府の思惑にじつにぴたりとはまったのです。

先程も述べたとおり、江戸時代以降、武芸者は次々に用済みとなり、存在価値もどんどん薄くなっていったのですが、柳生宗矩は兵法指南役に加えて大目付《おおめつけ》にまで出世しました。彼はこうした点では非常に機を見るに敏な政治家でもあったわけです。

この柳生新陰流と対照的だったのが、武蔵の立てた「二天一流《にてんいちりゅう》」です。

彼の戦法はあくまでも実戦的であり、狭い部屋や人混みのなかでは短刀を使うほうが有利だとか、死ぬならば持っている武器をすべて使いきって死なねば恥だとか、あくまでも勝つこと、敵を倒すことを目標としていました。「活人剣」か「殺人刀」かという言い方をすれば、間違いなく「殺人刀」に入るでしょう。それだけに、江戸時代のコンセプトからすれば、あまりにも剣呑《けんのん》に過ぎました。

ですから、武蔵にも後継者はいたのですが、世に広まることはなく、実質的には彼一代で廃《すた》れてしまいました。

二天一流は純粋な意味での剣術としては卓越していますし、非常に「使える」技だったと私は思います。ところが、平和な時代にはその「使える」部分こそがうるさがられた。邪魔者視されたのです。

また、この時代に、「小野派一刀流」の小野次郎右衛門忠明も柳生宗矩と並んで将軍家の兵法指南役として取り立てられていますが、待遇は宗矩が一万二千五百石、次郎右衛門が六百石と、雲泥の差がありました。それは、武蔵の場合と同じく、柳生流よりも一刀流のほうがより実戦的な剣術であったからだと私は考えています。

宮本武蔵と柳生宗矩は、当時の時代性を考えるうえでたいへん面白い対比をなしています。この二人の比較については、第四章でくわしく述べたいと思います。

マニアックな剣術

さて、以上のように、武蔵の悲劇の一つは「生まれるのが少し遅かった」こと、そして彼の兵法はある意味で強すぎ、泰平の江戸時代にはマッチしなかったということを述べてきました。

しかし、では、もし武蔵があと三十年、五十年早く生まれていたら名だたる戦国大名になっていたろうかと考えると、必ずしもそうではない気もするのです。

その理由の一つは、「剣術」というもの自体が、戦国時代においてはある種マニアックな、一部の人間のみが用いる武器だったことにあります。おそらく読者の方の多くは、戦乱に明け暮れた当時の世の中では、さぞかし剣術の達人がもてはやされたろうとお思いでしょうが、そうではないのです。

なぜなら、刀は基本的に一対一の戦いに用いるものであり、何百、何千の人間が相乱れて戦う戦場には向きません。また、刀は血糊《ちのり》がつくとすぐ斬れなくなるので、多数の敵を相手にする場合は不利です。また、当然ながら、当時はみな鎧《よろい》を着けていますから、斬れる場所はきわめて限られます。あまり効率のよい武器ではないのです。

では、当時の武器のスタンダードは何かといえば、「槍《やり》」です。槍のほうが長さ（リーチ）の面でも有利ですし、馬に乗りながらでも相手を狙えます。また、本当に殺そうとする場合は、「斬る」よりも「突く」動作のほうが絶対的に有効なのです。

よく「人を斬る」といいますが、「斬る」ことによって人を殺すのは、じつは、よほど達人でなければできることではありません。有名な「忠臣蔵」で、浅野内匠頭《たくみのかみ》は吉良上野介《こうずけのすけ》に斬りかかって切腹させられますが、このとき、当時の批評として、「ほんとうに吉良を殺すつもりであれば、なぜ突かなかったのか」と、内匠頭の武道不案内が冷笑されたといいます。このように、「斬って殺す」のならば、頸動脈《けいどうみゃく》などよほどの急所を狙わない限り無理なのです。

秀吉と勝家の賤《しず》ヶ岳《たけ》合戦の際に、「賤ヶ岳七本槍」が活躍した話は有名です。すなわち、加藤清正、片桐且元《かつもと》、加藤嘉明《よしあき》ら七人の槍の使い手です。が、じつはこのとき、七本槍のほかにも「三振り太刀」という三人の刀の使い手もいました。しかし、彼らはみな死んでしまいました。七本槍は生き残って三振り太刀は死んだという逸話は、戦場では刀よりも槍のほうが強かったことを象徴しているように思います。

前田利家にしても本多忠勝にしても加藤清正にしても、武勇を謳《うた》われた戦国武将が腕をふるったのは、みな槍でした。

とはいえ、古くから武士にとって刀は魂のようなものですから、剣術がまったく行われなかったわけではありません。塚原卜伝《つかはらぼくでん》高幹《たかもと》や上泉《かみいずみ》伊勢守《いせのかみ》信綱といった世に名高い剣術の達人も存在しましたし、武蔵も含めてその道を目指す人もいるにはいました。しかし、かなり少数派であったことを理解しておかねばなりません。加藤清正などは、「われわれは子供の頃から実際に戦場で戦っているのだから、剣術など習う必要はない」と言っています。つまり、戦国武将にとっては、槍という優れた武器があるのに、なぜわざわざ刀を使わねばならないのかという感覚だったのです。

このような点から、武蔵がもし早く生まれていたとしても――、と疑問を感じるわけです。

ちなみに、上泉伊勢守は武蔵より早く生まれ、しかも剣の達人として崇《あが》められた人物です（彼は柳生新陰流の祖の柳生石舟斎《せきしゅうさい》宗厳《むねよし》のお師匠さんでもあります）。しかし、やはり、必ずしも出世はしませんでした。

彼は一時武田信玄の捕虜となり、信玄から自分に仕えないかと請われたこともあります。ところが、「自分は剣術家として大成することを望む」として断った。戦国武将としての栄達を求めなかったのです。いずれにしても、剣の道がなにかしら特殊な道であったことは確かです。

早すぎた英雄

では、江戸時代以降に入ると、なぜ槍は廃れたのか、また、なぜ剣術が王道となったのでしょうか。

一つは、物理的な問題です。槍というのはときに三メートルほどもあるたいへん仰々しい武器ですから、平時にはとてもではないが邪魔で持ち歩けません。ですから、戦争がなくなると誰も使わなくなり、大名行列の先頭の槍持ちが持つだけの、「軍旗」のような存在と化していきました。その代わりに、普段から腰に差している刀を操る技術が、武芸の中心となったのです。

また、徳川家康その人が、そもそも剣術好きの珍しい人物だったということがあります。剣術指南役というポストが設けられ、家康の眼鏡にかなう優秀な武芸者が取り立てられたことには、こうした家康の趣味的な部分も関係しています。とはいえ、武蔵のような殺伐《さつばつ》とした剣はどちらにしてもお呼びでなかったわけですが――。

さて、ここまでの話を総合しますと、武蔵にとっては戦国時代、江戸時代のいずれも中途半端であり、早く生まれていようがいまいが、どちらにしても時代に合わずに苦難の道を歩まねばならなかったろうということです。

また、武蔵がもしもっと早く生まれていたら、ということで補足しますと、こういうこともいえます。

戦国時代の戦争においては、刀、槍だけでなく、薙刀《なぎなた》、弓矢、当時の最新兵器の鉄砲などさまざまな武器が使われました。さらに、戦法にも多くのバリエーションがありました。騎馬戦あり、城攻めあり、ときには海上戦もあります。武蔵は基本的に一対一の戦いに強い人物ですから、こうした「なんでもあり」の戦いには、やはり合わなかったのではないかということです。

また、もっといえば、戦国時代の栄達の条件は、必ずしも武芸に長けていることばかりではありません。

秀吉や家康をみてもわかるように、戦国武将に求められるのは、多数の人間を指揮する統率力であったり、部下をうまく使いこなす人事的な才能、あるいは、大きな合戦を可能にする経済的なセンスであったりします。しかし、武蔵は個人技の人であり、こうした条件にも合っていません。

その意味では、あるいは武蔵は遅すぎたのではなく、早すぎたのではないかという言い方もできるかもしれません。

というのも、個人技としての剣術がほんとうに盛んになるのは、江戸中期以降のことだからです。

それは、泰平の世の中が進みすぎてほとんどの武士が「なまくら」になってしまったことへのアンチテーゼとして流行するのですが、この時代であれば、あるいは武蔵も生きているうちに剣聖として世から崇められる存在になっていたかもしれません。

珍重すべき「タレント」

では、この章の最後に、江戸時代において、武蔵という人物がどのような存在であったのかを考えてみたいと思います。

たとえば、いまの軍隊のなかに空手の達人がいたとします。その道においては右に出る者は誰もいません。しかし、彼が実際の戦場でも最優秀の兵士であるとは限らない。いまの戦争においては、兵士はみな高性能の銃を持っているのですし、闇の中でもものが見えるゴーグルといったものもあります。何百メートルの海底の敵を探せるソナーなどというハイテク兵器も開発されています。こうしたさまざまな兵器を駆使するのですから、必ずしも空手の技は役に立たないのです。

しかし、それとは別問題として、やはり周囲の人間は彼の強さを認めるに違いありません。江戸時代における武蔵もこのような存在であったのではないでしょうか。

彼のほんの三十年前頃までは、誰々の槍がすさまじいとか、誰々は敵の首をとる名人だとか、今度は誰々がいまの領主にとって代わるだろうといった話題が、現実問題として人々の口に上りました。

しかし、徳川幕府が政権を握ってからは、人々の関心はもっぱら治世、行政の話題に移り、個人個人の武勇などは現実味のない絵空事になってしまいました。

われわれもいま、日常生活で、たとえば「いまのプロレスラーのなかで最強の人物は誰か」といったことを話し合い、「彼こそは」「いやあいつこそは」と蘊蓄《うんちく》を傾け合うことがあります。しかし、それを軍人、兵士として戦場で働いた場合の強さに結びつけて考えることはありません。

そのように、武蔵も一人の「タレント」としてしかとらえられなくなっていたのではないかということです。

タレントとは本来「才能のある人」という意味です。当時は、なにか一芸に秀でた人を「芸者」といったのですが、武蔵はまさに、それ以上でもそれ以下でもない芸者として見られていたのではないかという気がするのです。

ですから、もし幕府が彼の強さを知って、認めていたとしても、ただ「珍重すべき名人」とみなすだけで、公儀の御用達《ごようたし》として抱えることもないし、利用したり活用したりといった発想にも結びつかなかったでしょう。

それにひきかえ、柳生流のほうは、道場剣法ともいうべき剣のルールを定め、精神修養のほうに重きを置きましたから、たとえ剣術としては毒にも薬にもならなくても、いろいろな意味で期待されたのです。

その意味では、司馬遼太郎が「武蔵の後半生は、いわば緩慢《かんまん》な悲劇であった」と言っているのは正しい評価だと思います。すなわち、武蔵の持っている能力と時代の要請とがだんだんずれていったということです。

自分の能力が次第に必要とされなくなる世の中を生きることは、非常につらいことに違いありません。しかし、それだけに、頑《かたく》ななまでに自分のスタイルを守り、みずからの思うところに信念を持ち、それを『五輪書』という集大成にまとめ上げた武蔵の精神力はきわめて強かったといえましょう。

第二章

史料・伝説の中の「武蔵」——実像とフィクション

柳生宗矩像（奈良・芳徳寺蔵）
柳生宗矩（1571〜1646／元亀２〜正保３）は柳生新陰流の祖、石舟斎宗厳の五男。父とともに徳川家康に使え、二代将軍秀忠の剣術指南役となる。次第に将軍家の信任を集め、幕府の初代総目付（大目付）となり諸大名の監視にあたった。所領も加増されて大名に列し、大和国柳生藩の初代藩主となった。武蔵と同時代を生きた武芸者だが、その生涯は対照的だ。

「宮本武蔵」は「吉川武蔵」である

一般に、「剣豪」と呼ばれる人間は歴史上に多々存在しますが、知名度、人気度ともに、武蔵は一位、二位を争うのではないでしょうか。

たとえば、同じ剣豪のなかでも、上泉伊勢守、あるいは伊藤一刀斎《いとういっとうさい》といわれても、多くの人はあまりピンと来ないでしょう。愛洲移香斎《あいすいこうさい》、飯篠長威斎《いいざさちょういさい》なども伝説的な人物ですが、いまの人は「誰？　それ」と言うに違いありません。しかし、宮本武蔵ならば、すぐにある程度のイメージが湧《わ》きます。

たとえば、流浪の人、天涯孤独、二刀流、佐々木小次郎、巌流島、櫂《かい》の木刀、お通、三十三間堂や一乗寺下《さが》り松の決闘。容貌《ようぼう》や体格、たたずまいまで浮かんだりする。なんとなく、「とてもよく知っている人」のような気がしてしまいます。

しかし、われわれが知っている（つもりになっている）のは、真実の宮本武蔵ではなく、じつは、吉川英治が小説『宮本武蔵』のなかで作り上げた宮本武蔵なのです。

宮本武蔵という人物は有名ではあるけれども、実像はほとんど闇の中で、吉川自身、『随筆　宮本武蔵』（『武蔵』を完成させたあとに、舞台地や決闘など個々の要素について書き綴《つづ》った随筆集）のなかで、「史実として確実にいえることは、ほんの微々たるものだ」と言っています。

歴史上の人物でも、どこかの藩に所属するなど、つまり「公的な身分」があれば、ある程度確実な記録が残ります。しかし、武蔵は生涯ほとんど牢人です。晩年の数年間は熊本藩に迎えられていますのでかなり明らかですが、若い頃、とくに幼年時代などについては、ほとんど口碑《こうひ》・伝説の類《たぐい》でしかなく、生年、出生地、父母の名前すらも、正確なところはわかりません。

吉川『武蔵』のネタ本『二天記』

このように、細部についてはほとんどわからぬ宮本武蔵という人物を、吉川英治は「作家の想像力」で埋め、肉付けしていったのですが、そのすべてが吉川英治の創作というわけではなく、宝暦五年（一七五五）に書かれた『二天記』という書物が大きなベースとなっています。

『二天記』自体、武蔵の死後百十年もたって書かれたものですから、粉飾や誤伝がかなり含まれているに違いないのですが、武蔵の生涯について最もまとまった形で事績を網羅した史料とはいえます。

以下に、『二天記』の概略を紹介しましょう。ただし、長いので、吉川『武蔵』と年代的に重なっている期間のみ抜粋します。

武蔵は播磨国佐用の赤松氏の末葉であり、ゆえあって外戚の宮本に氏姓を改めた。十三歳から二十八、九歳まで六十余度勝負して、一度も負けたことがない。

父は新免無二之介という剣術家で、十手二刀の達人。十五代将軍足利義昭のときに御前に招かれて扶桑《ふそう》第一の剣術家とされる京の吉岡庄左衛門兼法《けんぽう》（憲法）と戦い、三度のうち二度勝ち、「日下無双」（日本一）の号を与えられた。

十三歳のとき有馬喜兵衛という新当流（神道流）の兵法者と戦い、勝利した。

十六歳のとき、秋山某という但馬の強力《ごうりき》の兵法者と戦い、勝利した。

関ヶ原の合戦に参戦し、諸氏に知られるほどの活躍をした。

二十一歳で上京し、吉岡庄左衛門の子の清十郎と洛外蓮台野《れんだいの》で決闘し、勝利。清十郎はその後剃髪《ていはつ》して兵法を捨て去る。次に、清十郎の弟伝七郎と戦い、勝利。その後、清十郎の子又七郎を擁して数十人で戦いを挑んできた吉岡一門と下り松で立ち合い、ことごとく斬殺。これによって吉岡家は断絶した。

同年、南都宝蔵院で槍術の達人奥蔵院と二度勝負し、二度とも勝った。
伊賀国で宍戸某という鎖鎌の達人と戦い、勝利。
江戸で夢想権之助を一撃のもとに倒す。
岩流（巌流）小次郎と巌流島で決闘し、勝利。

以上のように、ほぼ吉川『武蔵』でおなじみの内容であることがわかります。
ちなみに、武蔵以上に経歴がよくわからない佐々木小次郎という人物についても、『二天記』はかなりくわしく記しています。

岩流《がんりゅう》小次郎と云剣客あり、越前宇坂の庄、浄教寺村の産なり。天資豪岩、壮健類なし。同国の住富田勢源が家人に成て、幼少より稽古を見覚え、長ずるに及で、勢源が打太刀を勉む。勢源は一尺五寸の小太刀を以て三尺余の太刀に対して勝つ事を為す。小次郎常に大太刀を以て勢源が短刀に対して粗技能あり。猶鍛錬して勝利を弁ずるに、高弟各小次郎が太刀さきに及ぶ者なし。

もともと小次郎は一尺五寸という短い刀を操る小太刀の名人である富田勢源《とだせいげん》の弟子

であったのですが、勢源は自分の稽古のために小次郎に長い太刀（三尺余といいますから一メートル以上ということになります）を持たせて打ち込ませていた。そのうちに小次郎は長い太刀について習熟して名高い兵法者となったとあります。

小次郎の出身については越前としていますが、吉川『武蔵』では周防国（山口県）岩国の産という設定です。このほかに、近江源氏佐々木氏の末裔《まつえい》という説もあります。年齢にも諸説あり、武蔵より十歳程度年下、あるいは同年齢、ときには老人として描かれることもあります。

『二天記』では巌流島の決闘シーンについても、こう述べています。

小次郎霜刃を抜て鞘を水中に投（じ）、水際に立て武蔵が近づくを迎ふ。時に武蔵水中に踏留り、につこと笑て云く。「小次郎負たり。勝者何ぞ其鞘を捨ん」、小次郎は益々怒て、武蔵が相近づくと斉く刀を真甲に振立、武蔵が眉間を打つ。

吉川『武蔵』では、波間に鞘を投げ捨てた小次郎に対して、「小次郎負けたり」と言い、「勝つ身であればなぜ鞘を捨てる」とたたみかけて小次郎を苛立《いらだ》たせるわけですが、こうした原型は『二天記』のなかにあるわけです。

ちなみに、武蔵自身が『五輪書』で自分の経歴について述べていることは、

生国は播磨であること。

生年は天正十二年（一五八四）であること（執筆時点で六十歳と自称していることからの逆算）。

十三歳のとき、有馬喜兵衛という兵法者と初めて戦い、勝利した。

十六歳のとき、秋山某という但馬の強力の兵法者と戦い、勝利した。

二十一歳で都にのぼり、天下の兵法者に会って数度勝負して勝った。

十三歳から二十八、九歳までに合計六十余度の勝負をしたが、負けたことはない。

と、じつに微々たるもので、ほとんど何もわからない。それだけに、どうしても『二天記』によらざるを得ないわけです。

とはいえ、『二天記』がいくら詳しいとは言ってもディテールは「すかすか」ですから、細かく補っていかねばなりません。

吉岡伝七郎との決闘場所に雪の三十三間堂という劇的な舞台をあてたのは吉川の創作ですし、その前後に本《ほん》阿《あ》弥《み》光悦《こうえつ》や吉野太夫とかかわりを持っていることもフィクシ

ョンです。

一乗寺下り松の決闘の場面も同様で、約束の場所に向かう武蔵を偶然お通に出会わせ、「心の揺れ」を演出しています。武蔵は決闘前にふさわしからぬ動揺を振り払うため、下り松近くの社《やしろ》に祈願しようとするのですが、そこで、「神頼み」をしようとする自分の弱さにハッと思い至ります。「神はないともいえないが、さむらいの道にはたのむ神などというものはない」。この悟りは、武蔵が最晩年に書き遺した『独行道』にいう、「神仏は貴し、神仏をたのまず」の一条と重なります。

つまり、吉川は「一乗寺下り松の決闘」という事実と、「神仏をたのまず」という武蔵の言葉を、「お通との出会い」というフィクションを間にはさむことによって、うまくつなぎあわせたわけです。

このように、もともと断片的な要素しかないものを紡ぎ合わせ、ときにはなつかしいふるさとの山河を、ときには鬼気迫る決闘の情景を、ときには恋々と涙する人の子らしい心を、いかにも活《い》き活きとリアルに現出させていくのが作家の筆の力なのです。

たとえば、『二天記』では「其後弟伝七郎と洛外に出て勝負を決す」程度のことしか言っていない吉岡伝七郎との勝負は、吉川英治の手にかかると、武蔵はこんな作戦をとることになります。

祇園の石段をのぼった時、彼はもう多数の人間の足痕を雪の中に見たに違いない。あらゆる即智はそこで働いた。自分のうしろを尾行《つけ》ていた者の影が自分から離れると、彼は、蓮華王院の裏地へ行くのに、わざとそこの表門へ入ってしまったのだった。

寺僧について、十分に、宵のうちからこの附近の予備知識を得、そして茶のみ、暖も取り、少し時刻が過ぎたのも承知しながら、唐突に、当の敵と面接するという策を取ったのである。

第一の機を、武蔵はこうして摑んだ。

また、鎖鎌の宍戸梅軒との勝負についても、『二天記』では「野外に出て勝負を決す。宍戸鎌を振出す所を武蔵短刀を抜き宍戸が胸を打貫き、立所に斃れしを進で討果す」としかありません。しかし、吉川は梅軒を「武蔵がかつて殺した野伏の領袖《りょうしゅう》、辻風典馬の弟」といった凝った設定にしていますし、戦いも次のように非常にリアルです。

梅軒にとって、何よりも大切なのは、敵と自己との距離だった。鎌と分銅と、二分された鎖の長さが、彼の武器の長さである。

武蔵にすれば、その距離より一尺遠くてもよい。或は、一尺近くはいってもよいのである。——だが、梅軒はそうさせない。

武蔵は、彼の秘術に、まったく舌を巻いた。難攻不落の城に当って、攻めあぐねたような疲れを感じるのである。——だが、武蔵は彼の秘妙な技が、何に依って起るかを、戦いのあいだに観破った。それは二刀流と同じ原理だからであった。鎖は一本であるが、分銅は右剣であり、鎖は左剣である。そしてその二つの物を、彼は一如に使いこなしているのだった。

「観た！　八重垣流っ」

武蔵はそう叫んだ。その声はもう、自分の勝利を信念していた。

このように、比較対照していくと、なかなか面白いものが見えてきます。

なお、映画などの下り松の決闘では「泥田の名場面」がおなじみです。敵が泥田に足をとられるのを利用して、武蔵が畦道《あぜみち》から一人一人斬っていくシーンです。これなどは『二天記』でもなく、吉川『武蔵』でもなく、映画オリジナルのフィクションと聞きます。

このように、「われわれが知っている武蔵」というのは、最低限の骨しかなかった原型にさまざまなイメージがどんどん積み重ねられて、形作られたものなのです。

「仇討ち武蔵」から「求道的な武蔵」へ

では、吉川以前には、『二天記』が武蔵のスタンダード・ストーリーであったのかといえば、けっしてそうではありません。むしろ、『二天記』のような筋立ては忘れ去られていたといったほうが正しい。もっといえば、吉川以前は武蔵そのものに、さほど人気がなかったのです。

いまにしてみれば信じがたいことですが、吉川『武蔵』が昭和初期に登場する以前、日本人に圧倒的に人気のあった剣豪は、荒木又右衛門でした。なぜかというと、荒木又右衛門は「伊賀上野の仇討ち《あだうち》」で知られる仇討ちの人であったからです。

封建時代においてもっとも重んじられたのは「忠孝」の道。それゆえに、忠孝のために仇を討つ人間に対して、民衆はやんやの喝采《かっさい》を送りました。荒木又右衛門と並んで「三大仇討ち」といわれているのは忠臣蔵と曽我兄弟ですが、これらもたいへん人気があったことはいうまでもありません。

また、荒木又右衛門の仇討ちは大勢の人間が実際に目撃しただけに、「ノンフィクシヨンの強み」ともいうべきリアリティを備えていた。これに対して武蔵のほうはいわば自己申告の世界でした。有馬喜兵衛だの秋山某だのと勝負して六十余度負けなしだったといわれても、確認のしようがありません。へえ、でおしまいです。そのような違いもあったために、武蔵はけっして無名ではなかったのですが、民衆に語り継がれることはあまりなかったのです。

否、語り継がれなかったというと語弊があるでしょう。正しくは、原型を離れてどんどん民衆好みの話に改変されることによって、かろうじて語り継がれたのです。たとえば、江戸時代に作られた武蔵の芝居に『敵討《かたきうち》巌流島』、あるいは『花筏《はないかだ》巌流島』といった作品があります。内容は、いつのまにやらみんなが大好きな親の仇討ちの話に姿を変えてしまっています。これが最終的に完成されて講談本になるのですが、以下のようなストーリーです。

佐々木巌流という名の老人の兵法者がおり、宮本武蔵の父親である無二斎とライバル同士であった。ところが、巌流はどうしても無二斎に勝つことができない。そこで、あるとき卑怯《ひきょう》にも鉄砲を使って無二斎を殺してしまった。父を殺された若き武蔵はいつの日か必ず仇を討つと心に決めて修行に励み、最終的に老巌流と舟島（巌流島）で決闘し、みごと倒して本懐を遂げた――というものです。

このように、『二天記』に書かれていたことは、ほとんど忘れられています。似たような名は登場しますが、役どころはことごとく違っている。武蔵が初めて倒した有馬喜兵衛などは、宮本武蔵に私淑して弟子になる人物、ということになっています。

講談、あるいは芝居を書いた作者も『二天記』を読みはしたでしょう。が、一般に通りのよい、ウケる話に作り直してしまった。しかし、ある意味では、それによって宮本武蔵という名前だけは生き長らえることができたわけです。

そんななかで、吉川英治は『二天記』のもともとの形に着目し、向上心のある青年が苦悩しながら自己研鑽《けんさん》を重ね、やがて日本一の剣豪に登りつめていくという形に再構成しました。これは吉川英治の非凡さを語る部分でもあり、同時に、時代を鋭く見抜くセンスでもありました。

というのも、吉川が『宮本武蔵』を書きはじめた当時、日本はちょうど戦争に突入しようとしていて、世の中には戦国主義的な空気が満ちていたからです。すなわち、相手に勝つと同時に己に克《か》つことをも追求する、武蔵のような強い人間像が上下一致して求められていた。それだけに、これが朝日新聞に連載されるやいなや、たいへんな好評を博す結果となったのです。

ちなみに、これもいまでは忘れられていることですが、その昔、「新聞小説」というのはあまり程度の高いものではありませんでした。悪くいえば、ポルノ小説に近いようなものがほとんどです（近年、昼のメロドラマになってなぜか話題を呼んだ菊池寛原作の『真珠夫人』も新聞小説です）。つまり、新聞小説とはそのような類のもので、子供が読んでいると親が取りあげるほどだった。ところが、吉川『武蔵』以降、新聞小説は健全な読み物として、子供から大人まで読まれるようになりました。その意味でも、この作品は非常にエポックメーキングな位置にあるということができます。

直木・菊池論争

ここで、吉川英治が『宮本武蔵』を書くきっかけとなったエピソードを紹介しましょう。直木三十五《さんじゅうご》と菊池寛が武蔵はほんとうに強かったかどうかについて言い争ったという逸話です。有名なので、ご存知の方も多いかもしれません。

直木三十五というのは、文学賞の「直木賞」の名のもととなった、大正から昭和にかけての有名な小説家です。菊池寛は、その直木賞、芥川賞の創設者でもあり、文藝春秋の創立者。この二人が、宮本武蔵の強さについて論争したのです。

菊池寛のほうは武蔵を剣の達人ととらえていたのですが、直木三十五のほうは、武蔵は自己宣伝がうまいだけだと非難した。自己宣伝がうまいとは、『五輪書』のなかで武蔵が述べていることを、「もし、いまの言葉で言うとしたら」という例文に置き換え、途方もない自己粉飾であると難じたのです。

以下にその部分を挙げてみます。

我、若年のむかしより兵法の道に心をかけ、十三歳にして初而《はじめて》勝負をす。其あいて、新当流有馬喜兵衛といふ兵法者に打勝ち、十六歳にして但馬国秋山といふ強力の兵法者に打勝つ。廿一歳にして都へ上り、天下の兵法者にあひ、数度の勝負をけつすといへども、勝利を得ざるといふ事なし。其後国々所々に至り、諸流の兵法者に行合ひ、六十余度迄勝負すといへども、一度も其利をうしなはず。

（『五輪書』）

これを、直木は次のように言い換えました。

もし菊池寛が「吾十三歳にして、文章世界に投書して一等賞をとり、十六歳にして、大学首席にて出で、二十一歳「啓吉物語」をかいて、文壇を震撼なし、四十六歳の今日まで、作する所六十余冊、一冊と雖《いえど》も、売れざるものなし」と自叙伝にかいたら、人々は何といふであらうか。（「文藝春秋」昭和七年十一月号）

たしかに、このような論法を使われると、かなりの虚飾という印象を受けてしまいます。

彼が言うには、当時の世の中には、たとえば柳生一族などかなりの達人がいたのに、武蔵はそうした一流の剣豪とは対戦していない。彼が対戦したのは二流の人間ばかりである。だから、武蔵というのはたいした人間ではない。また、吉岡一門との試合においても、年端もいかぬ清十郎の子供を斬って捨てている。そのような人間は真の勇者ではない、というような批判です。

じつはこのとき、直木三十五が本当に対論したかったのはどうも吉川英治だったようで、「吉川英治出てこい」といったことを言ったらしい。しかし、吉川は出ていかずに、その答えとして小説を書いたのだと言われています。

つまり、吉川にとって『宮本武蔵』は、武蔵は本当に強かったのか、本当に名人だったのか、ということに対しての彼なりの回答でもあるわけです。

なお、作家の海音寺潮五郎も、やはり武蔵は一流の名人であったに相違ないという意見です。

武蔵は「見切り」という言葉を使うのですが、これは「自分と相手の実力を正確に判断する」という意味です。もっと具体的にいえば、「相手の太刀が自分に届くかどうか」です。太刀が届かなければ斬られることはない。それを瞬時に判断する。武蔵はそうした見切りの非常にうまい人間だったというのです。

武蔵も自分が勝てる相手を慎重に選んだかもしれないが、逆に言えば、まわりの人間も本当に武蔵に勝てると思ったら勝負を挑んでいたはずであり、にもかかわらず挑まれなかったということは、彼に勝つ自信のある人間がいなかったということだ。だから、武蔵はやはり一流の名人であるといってよい、というのが海音寺の解釈です。

さまざまな武蔵像

言うまでもなく、武蔵という人間はたった一人しかいないのですが、作家の感性により、解釈により、想像力により、いかようにも料理されてしまうのが、また宮本武蔵であるともいえます。

それは先ほども言いましたように、一にかかって史料が少ないということによっているのですが、では、ここでいろいろな作家による「さまざまな武蔵」をあげてみましょう。

たとえば、柴田錬三郎の『決闘者　宮本武蔵』という作品があります。

柴田錬三郎の武蔵の特徴は、一言でいいますと、吉川『武蔵』であえて捨象されていた部分に着目したことにあります。武蔵という人間をよく見ると、たしかに独立心旺盛ではありますが、温かい家庭に育ったという感じはしません。父親にもあまり愛されていないようですし、母親の影もない。そのような人間は、性格的にもっと狷介《けんかい》で、いやな人間だったろう、と柴田は考えたのではないでしょうか。

吉川英治のなかには、武蔵はともかくも「世の中の青少年の模範となるべき人物」という考え方がありました。ですから、女性に対しても紳士的で、野獣になりそうになっても寸前で押しとどまって一線は越えません。しかし、柴田の感覚では、それではあまりにも理想的すぎる。人間というのはもっと生々しいものであり、彼が自分を向上させようとしていたことは否定しないけれども、人間臭い過ちのようなものもあったのではないか。そんな解釈が、この作品のなかには浮かび上がっています。

また、五味康祐の描いた『二人の武蔵』という小説も有名です。

武蔵の業績は超人的にすごいので、じつは同名の複数の人間がなしたことが、一人の人間の業績として混同されているのではないかという説（すなわち、「武蔵複数説」）が、昔から根強く存在します。いまでは武蔵複数説はほぼ否定されているのですが、この点に想を得た作品です。平田武蔵、岡本武蔵という二人の武芸者が登場し、この二人が最終的に決闘することによって、一人が生き残ります。

紫錬『武蔵』とはまた違いますが、やはり武蔵という人間はそこまで万能選手ではなかったという点では共通しています。

そして、最近の武蔵作品でもっとも有名なのは、はやり、井上雄彦の漫画『バガボンド』でしょう。

これは吉川『武蔵』を原作としていますが、独自の創作も加えて、よりエンターテインメント性の高いものになっています。吉川『武蔵』同様、この作品での武蔵も最初はあまり強くないのですが、闘って、闘って、悩み、苦しみするなかで、だんだんと強く成長していきます。そのプロセスが非常にリアルで、いまの若者にも共通しやすいように表現されています。

『バガボンド』を読んでみて私が感じるのは、吉川『武蔵』というのはやはりかなり「いい子」だったのだな、ということです。荒々しい自然児であり、乱暴者でもあり、いわゆる優等生ではないのだけれど、根本にあるのは非常に純粋な「善」であったことがよくわかります。

井上雄彦はもともと『スラムダンク』というバスケットボールの漫画で大ヒットを飛ばした作者なのですが、ある編集者が彼に吉川『武蔵』を見せ、「これをやってみませんか」と持ちかけたことから『バガボンド』が始まったそうです。通常、作家が一つヒットを飛ばすと、以後はだいたい亜流のようなものしか持ちかけられなくなり、作家自身もいやになってしまうことがよくあるのですが、これはまったくの畑違いのテーマをもちかけたところに成功の秘訣《ひけつ》があった。まさに「企画勝ち」の典型的ケースではないでしょうか。

さて、じつは私も『光と影の武蔵』という小説を書いています。これは、どちらかというと「武蔵を主人公にした推理小説」という趣が強いもので、歴史上の武蔵とは必ずしも一致しません。

しかし、私の考えでは、推理小説の主人公にもできるという点が、武蔵がほかの剣豪と違うところだと思うのです。

推理小説の探偵役になるための条件はさまざまあるのですが、一つは、ものごとを論理的に分析できる人間、観察できる人間ということです。

歴史上の人物にこの役割をさせる場合、「いかにもこの人ならそういう考え方をしそうだな」という一種のリアリティがなければなりません。それがないと読者は共感しませんし、推理小説としても成功しません。

私は『五輪書』を読み、そこに書かれている武蔵の理詰めの発想や思考といったものが、事件の謎解きにおいても非常に効力を発揮するのではないかと考えたのです。

それが、武蔵を主人公として選んだ理由です。

武蔵の「合戦」参戦

さて、一般に、武蔵といえば個人対個人の決闘というイメージが非常に強いのですが、じつは、大きな合戦にも参加しています。

はっきりしているのは、関ヶ原の合戦(慶長五年)、大坂冬・夏の両陣(慶長十九年・二十年)、および島原の乱(寛永十四年)です。従来、これらについては史料に乏しくほとんど確かなことはわからなかったのですが、最近、一部の合戦では徐々に新史料が発見されつつあります。

武蔵の個人的な決闘については巻末につけた年表をご覧いただくとして、ここでは合戦についてのみ概略を述べておくことにしましょう。

まず、関ヶ原合戦。武蔵の主家であったという新免氏は宇喜多《うきた》氏の配下ですので、宇喜多隊に与《くみ》して西軍として戦ったという説が有力です。しかし、確証はありません。

吉川『武蔵』もこの設定をとっており、下っ端の雑兵《ぞうひょう》として参戦したものの、負け戦でボロボロになるところから武蔵の人生が始まっています。ですから、ぜひとも西軍でないと話が成り立たないわけです。が、武蔵の父の無二斎、あるいは新免氏は九州の黒田家とかかわりがあるという説もあり、東軍参戦説も存在します。また、宇喜多氏に与して西軍参戦後、敗れて黒田家を頼って敗走したという説もあります。

大坂冬の陣については、西軍加担というのが一般的で、『二天記』には「軍功証拠あり」とありますが、具体的な戦いぶりはわかりません。

夏の陣については、武蔵が東軍で侍大将格で加わっていたことを、最近蓑内宗一氏が発見されています（尾張藩水野日向守勝成の職制表名簿「大坂御陣人数附覚」）。

島原の乱についても、最近新しい発見がありました。宇都宮泰長氏が小倉小笠原藩の歴史を記した「小笠原文庫」を調査中、「笠系大成付録」に武蔵が中津藩の軍監的立場で、十九人を率いて参戦していたという記述を見つけられたのです。ただし、武蔵はこのとき一揆《いっき》民の投石に当たって怪我《けが》をし、たいした働きはできなかったようであり、この怪我がもとで兵法の現役から遠ざかることになったともいわれています。

小説にせよ、映画にせよ、これまでの武蔵作品では合戦シーンが描かれることはほとんどありませんでした。それは、具体的な働きについての情報があまりにも少なかったためでもありますが、武蔵小説のメインである吉川『武蔵』自体が、巌流島の戦いのところで完結していることも大きいのではないでしょうか。関ヶ原よりあとの合戦は巌流島以後の話だからです。

しかし、徐々に新史料が登場しつつあるいま、こうした要素を加えた作品が出てきてもいいのではないかと思います。

ただし、その場合は、「個人戦」の際のような颯爽《さっそう》とした武蔵ではなくなるでしょう。武蔵は個としては無類の輝きを放っています。けれども、部下を率いる組織のリーダーとして眺めた場合はどうなのか。

現代的なテーマでもありますし、そんな新しい武蔵像が新しいフィクションとして登場してきたら、また面白いのではないかと思います。

第三章

武蔵を取り巻く「謎」——その一

宮本武蔵筆「鵜図」（東京・永青文庫蔵）
この画幅は、代々二天一流の剣法を継承した熊本藩士寺尾家に伝わったことから、熊本時代の武蔵の筆と考えられる。鵜がくつろいだ姿を飾り気なく描き、武蔵晩年の恬淡たる境地をよくあらわしている。

諸説粉々、武蔵の生誕地

前章では、宮本武蔵の実像についてはあまりわかっておらず、伝説、あるいは吉川英治の小説をはじめとするフィクションによって形作られた面が大きいことをお話ししましたが、ここでは武蔵をめぐるさまざまな謎について個別に見ていきたいと思います。

まずは、出身地について触れましょう。これは武蔵の謎のなかでも最も厄介で、いまなお口角に泡を飛ばす論争が続いている問題です。

武蔵の生地については大きく分けて美作説、播磨説があり、播磨説のなかにもさらに二説があります。すなわち、以下の三か所です。

①　岡山県英田《あいだ》郡大原町宮本（旧美作国吉野郡讃甘《さのも》村宮本）
②　兵庫県高砂市米田（旧播磨国印南《いんなみ》郡米堕《よねだ》村）
③　兵庫県揖保《いぼ》郡太子町宮本（旧播磨国揖東《いっとう》郡宮本村）

大原町（現・美作市）説は、元禄期に書かれた『宮本村古事帳』に天正から慶長にかけて宮本武仁・武蔵親子が住んでいたという記述があることによっており、一般的にはここがもっともよく知られています。ただ、それは史料的な信憑性《しんぴょうせい》というよりも、吉川英治の『宮本武蔵』で、この地が武蔵のふるさととして描かれたことの影響が大きいようです。

大原町では、いま「武蔵の里」として盛んに町おこし事業を行っていて、鉄道の駅にも「宮本武蔵駅」という名前がついています。全国唯一の人名駅だそうです。

二つ目の米田説は、武蔵の養子の伊織作成の宮本家の系図、および伊織が播磨加古川の泊《とまり》神社を改修した際に納めた棟札《むなふだ》の記述にのっとったものです。これによれば、武蔵と伊織はともに播磨の田原氏（赤松氏の一族）の出生で、叔父・甥の関係にあたっています。その後、武蔵は美作の新免家に子がなかったために養子に入り、武蔵にも子がなかったため、伊織が養子に入ったと伝えています。

三つ目の太子町説は、宝暦十二年（一七六二）に著された『播磨鑑《かがみ》』に、武蔵の出生地は揖東郡の宮本村と記されていることによります。

結論からいえば、どれが正しいという決定打はありません。

武蔵自身は『五輪書』のなかで「生国播磨の武士」と称しているのですが、美作説を唱える人は、武蔵はなにかの事情があって、ほんとうは美作出生であるのに播磨と称したのだと主張します。『五輪書』は「自己申告」なのだから、必ずしもあてにならないという理屈です。

また、『五輪書』でも、「生国播磨の武士」のくだりのある「序文」は、武蔵ではなく他人が後で書き加えたものだという説もないではないので、確かに必ずしも信頼できないとはいえるかもしれません。

私個人としては、どちらかといえば播州説、また、播州のなかでも、伊織が自称している米田説がいちばん妥当な線ではないかと思っています。

「系図」は捏造がほとんど

とはいえ、これは、私が播州説を信じているという意味ではありません。もともと家系や出身といったものはほとんどが「何とでも言える」世界であり、ずいぶんと曖《あい》昧《まい》なものであるからです。

そもそも武蔵が『五輪書』にいう「新免《しんめん》武蔵守藤原玄信」という名乗りにしてからが、変といえば変です。

新免という姓は、武蔵が新免氏に養子に入ったため、あるいは主筋の新免氏との縁《えん》戚《せき》関係から名乗りを許されたといわれ、赤松氏の流れをくむ姓です。ここに加えて、いつの間にか藤原姓を称しているのはどういうわけでしょうか。さらに、「武蔵」が「武蔵守」に化けているのも妙な話。

では、一般にいわれる「宮本武蔵」の宮本とは何なのかといえば、宮本村という居住地からとったものです。ちなみに、武蔵の父の無二斎（武仁、無二之介）も、史料によって新免だったり、平田だったり、あるいは平尾であったりして、こんがらかるばかりです。

しかし、この手のことは、かなりの権力者や上級武士でも往々にしてあります。いや、むしろ、功なり名をとげた人間なら、誰でも出生や経歴を粉飾しようとするといったほうが正しいでしょう。

例をあげますと、典型的なのは秀吉です。彼はもともと氏素性のない人間でしたから、征夷《せいい》大将軍になるために、室町幕府最後の将軍の足利義昭に養子にしてくれと持ちかけました。なぜなら、源頼朝以来、征夷大将軍を拝命するのは源氏でなければいけないという一種の不文律があったからです。ちなみに、足利氏の本姓は源氏で、足利というのは在住地の地名です（すなわち、足利尊氏の正確な名乗りをいえば、「下野国足利庄の住人、源尊氏」となります)。

しかし、これはうまくいきませんでした。秀吉は相当な領地や金品をもって義昭を口説いたようですが、義昭も落ちぶれたとはいえいちおう将軍ですから、さすがにプライドが許さなかったのでしょう。

そこで秀吉が考えたのは、貴族の仲間入りをして関白になることでした。これは成功して、近衛《このえ》家の養子分として「五摂家《ごせっけ》」の一員となります。五摂家というのは、近衛、鷹司《たかつかさ》など藤原氏のなかでも特別な五つの家系で、征夷大将軍になるためには源氏でなければならないように、関白になるためには五摂家の出身でなければならなかったのです。しかし、秀吉はそれでも面白くないとして、さらに天皇に願って新しい姓を下賜《かし》してもらいます。それが豊臣です。

秀吉だけではありません。徳川家康も、征夷大将軍になるために一生懸命手を回して源氏になっています。

本来彼は松平氏の出身で、松平氏は当時の古文書によれば加茂氏の一員です。加茂氏は源氏とはまったく関係がありません。ところが、家康は松平から徳川に改めるとき、自分たちはそもそも上州の世良田《せらた》(現・太田市世良田町)の出身であり、もとをただせば源氏であると、巧妙に家系伝説を持ち出しました。松平氏の祖先が上州世良田から来たというのはまったくのウソではないようですが、だからといって源氏だということにはなりません。しかし、結局、家康はそのような形で強引に源氏の血統に鞍替えしてしまいました。

その工作が生きて、彼はめでたく征夷大将軍になれたのです。

と、このようなことを長々と述べたのは、江戸時代の頂点に立った徳川家ですら、家系を偽って自分の都合のいいようにごまかしていたという事実を知っていただきたかったからです。

たとえば、二〇〇二年の大河ドラマの主人公であった加賀前田家は菅原道真《みちざね》の子孫と称していましたが、これは前田家の紋と天満宮の紋が同じ「梅鉢」というだけのことで、ほとんど根拠はありません。こうした捏造《ねつぞう》は江戸時代を通してずっと当然のように存在し、たとえば、江戸時代の大名の家系を調べる基本文献となっている『寛政《かんせい》重修諸家譜《ちょうしゅうしょかふ》』を見ても、載っている先祖伝説はどの家も怪しいものです。

要するに、中央の権威ある社会でもそうしたことが行われていたのですから、いわんや、地方のそこそこの身分の人間が家系を飾ることなど簡単だったということです。

ですから、結局は本人の言うことをそのまま受け取っておけばいい。武蔵にしても、先祖は美作の出だったかもしれないけれども、本人が播磨だと言っているのですから、それ以上詮索《せんさく》しても意味がないと思うのです。

また、武蔵に関しては、出生地や家系がどうであれ、彼の業績が損なわれるわけではありませんし、武蔵を論じるうえの本旨でもないような気がします。

武蔵複数説の謎

武蔵の名前という点にからめてもう一つ言及しておきたいのは、「宮本武蔵」という同じ名の人間が二人いた、つまり「武蔵複数説」についてです。

昔の人は「字《あざな》」と「諱《いみな》」という二つの名前を持っており、武蔵の場合は武蔵が字、諱は玄信《げんしん》です。『五輪書』や、養子の伊織が武蔵を顕彰して小倉手向山《たむけやま》に建てた碑には武蔵玄信と記されています。しかし、伝説のうえで語られる武蔵は「武蔵政名《まさな》」という名になっていることが多い。地方に残された口碑、また講談に登場する場合などは、ほとんど武蔵政名です。

字と諱とは、わかりやすく言えば、「通り名（通称）」と「本名」で、たとえば、山中鹿之介の「鹿之介」は通り名で、正式名は「幸盛」です。ちなみに、西郷隆盛は「吉之助」が通り名で「隆盛」が本名、大久保利通は「一蔵」が通り名で「利通」が本名。

友人や周囲の人間がその人を呼ぶ場合、使うのはほとんど通り名のほうで、本名は公文書など以外では使いません。そのため、へたをすると誰もその人の本名を知らないことがある。西郷隆盛の場合も、ほんとうは隆永だったのに、周囲の人間がうろ覚えで誤まって隆盛と届け出てしまったために隆盛になったという話があります。

江戸時代の武士でも、軽輩の場合は諱などないことが多いのですが、身分が上がったり、知名度が出てくると諱がないと格好がつかない。そのようなことで、武蔵ものちに玄信という諱をつけたのだと思います。

さて、このような武蔵玄信と武蔵政名について、「両方とも実在する〝別人〟である」という説がかなり根強く存在します。これを大雑把に分類すると、武蔵玄信と武蔵政名が同時期に並行して存在したという説と、武蔵玄信を尊敬していた子孫の一人が武蔵政名を名乗ったという説の二種類となります。

この考え方によると、たとえば、『二天記』に書かれている事績も、じつは宮本武蔵という一人の人物によるものではなく、二人の武蔵によってなされたことが混同されている、ということになるわけです。

その延長上に、たとえば「剣術の達人の武蔵」と、「絵の達人の武蔵」は別人であるといった考え方が登場してくるわけです。前章で述べた五味康祐の『二人の武蔵』も、こうした伝説を応用したものです。

武蔵複数説が生まれた理由としては、まず、そもそも武蔵という人物が伝説のベールに包まれていて、明確な経歴がわからないということが一つあります。そして、もう一つは、武蔵という人物があまりにも超人すぎることです。剣術も達人、文章も極意で、絵画も書もプロ並みなどということはありえない、という見方がベースになっているのです。

じっさい、歴史上、一人の人物と思われていたことが、じつは二人だったというケースはなくもありません。

たとえば斎藤道三《どうさん》がそうです。これまでは、もともと京の油売りだった道三が一代で美濃の国守となり、国盗りをしたといわれてきました。しかし、最近発見された史料などによると、どうもこの事跡は二代にわたっていたようです。つまり、油売りだった道三の父親が美濃に流れてきて土岐《とき》氏の家臣として仕え、その子の道三が国盗りを果たしたというのです。

伝説というものが、このような形で生まれやすいことは確かです。

しかし、武蔵の複数説に関しては、私はあまり信じていません。武蔵自身、『五輪書』のなかで、「さまざまな芸術、芸能はみな通じていて、兵法の理をもってすれば可能だ」

と述べているのですし、じっさいに、何十回も決闘をして負けなしの剣豪であったとも思います。そんな万能な人間が一人ぐらいいても不思議ではないのではないでしょうか。

むしろ、複数説が出るほど武蔵は大きな人間だったと私は考えたいと思います。

「二刀流」の真意

宮本武蔵といえば、代名詞のように出てくる言葉に、「二刀流」というものがあります。

この時代の剣豪のなかで、武蔵のほかに二刀を使った人がいたという話は聞きません。それだけに、武蔵の兵法にはきわめて特異なイメージがあります。

武蔵の肖像として伝えられるものは、ほとんどが両手に二刀を携えた姿ですし、流派名の二天一流は、ときに「二刀一流」ともいうくらいですから、彼が二刀を操ることになみなみならぬ意欲を持っていたことは間違いありません。

ところが、よくよく調べてみると、武蔵が二刀を使ったという正確な記録はほとんどない。真剣勝負の際にじっさいに二刀で戦ったことは、おそらく一度か二度程度ではないかといわれています。

にもかかわらず、なぜ二刀流なのかといえば、『五輪書』に「兵法者たる者は持っている武器をすべて使ってから死ぬべきである。死んだのちに腰に小刀が残ったままであることは、一種の恥辱である」といった記述があるためです。

すなわち、武蔵はいつも二刀で戦っていたわけではありません。しかし、当時の武士は腰に大小二本刀を差していたわけですから、その二本の道具を有効に活用すべきであるし、人間には普通手が二本あるのだから、左右をフルに使って二刀をともに使えるようにする必要がある、と主張していたのです。

一般に、剣術の世界では「二刀は使いがたし」といわれています。一つの刀でも操るのが難しいのに、二つも操るのは困難というのです。また、人間はどうしても利き腕のほうが力が強く、そうではない腕は力が劣ることも理由の一つです。

流派としても、「二刀流」に対抗するかのように「一刀流」という流派があり、伊藤一刀斎以来、小野派一刀流あり、北辰一刀流あり、さまざまな一刀流の流派が隆盛をきわめてきました。これも一刀のほうが兵法の常道であり、優れているという考え方に裏打ちされているものと思われます。

しかし、武蔵は言います。両の手で太刀を握ってしまったら、「馬上では都合が悪いではないか」「両手がふさがっていたら、走るときはどうするのか」「沼や池、石ころの多い野原、険しい道、あるいは人込みの中ではどうするのか」と。刀だけではなく、ほかの武器も基本的には片手で使えるものばかりですから、なんでもまず片手で使えるよう修行すべきであり、もし片手では及ばないような敵が出てきたら、そのときに初めて両手を使え、と武蔵は主張するのです。

「手間の入る事にてもあるべからず。先《ま》づ片手にて太刀をふりならはせん為に、二刀として、太刀を片手にて振覚ゆる」こと。すなわち、「まず片手で太刀を自在にふるえるようにすることから始めなさい」という言い方を武蔵はしています。

　われわれは二刀流というと、たとえば、左の小刀を楯《たて》のように使い、右の大刀で攻撃するといったイメージを抱きがちです。二刀流は一般的に攻撃と防御を兼ね備えた戦法であるといわれ、剣道家のなかでもそのように理解している人が意外に多いようですが、実際に『五輪書』を読んでみると、武蔵の言わんとするところはそうではないことがわかります。

武蔵「左利き説」

なかには、二刀流から敷衍《ふえん》して、武蔵は何か二刀を使うにあたって有利な身体的特質を備えていたのではないかと言う人たちもいます。これがすなわち武蔵「左利き」説です。

たしかに、左利きであれば、右以上に左が強いわけですから、二刀を自在に操れても不思議ではありません。

左利きの方はよくおわかりのように、日常の世界はすべて右利き中心でできています。ハサミもそうですし、ドアの開く方向、あるいは文書の書き方なども、すべて右利きの利便をはかった形です。ボクシングなどにはサウスポーの技術がありますが、剣道では左利きのための技術は基本的に存在しません。逆にいえば、左利きの人は、どうしても右利きに直された形で剣術を学ばされてしまうのです。

そこで、もし武蔵がそうした不利に不満を抱き、それを生かす技術を考えたならば、当然の結果として二刀という形に向かったに違いない。ゆえに、武蔵は左利きである——と、この説を唱える人は言うわけです。たしかに、なかなか説得力があります。

しかしながら、有力な反論もあります。すなわち、もし左利きであるなら、利き腕である左手のほうに大刀を握り、左より力の弱い右手に小刀を握るだろう。そうであれば、相手にとっては予期しない方向から武蔵の刃が襲ってくることになるので、たしかに有利である。しかし、肖像画などを見てもわかるように、そうではないので、やはり右利きである——。これも納得の説明でありますので、やはり一概にはいえないようです。

また、武蔵は優秀な画家でもあったわけですが、絵の描き癖から分析して武蔵は左利きだったと言う人もいます。水墨画の場合は筆に墨をたっぷり含ませて描きますので、左利きと右利きでは筆勢や形が全然違ってくるのです。

しかし、武蔵自身が「小刀を使わずに死ぬのは恥辱である」と語っているように、もし日頃から右も左も同じように使えるように鍛錬していたのだとすれば、やはり右利きとも左利きとも判断できません。

いずれにしても、武蔵という人は非常に独創性のある、器用な人間であったということだけはいえると思います。

複数の墓

武蔵ファンのなかには、全国各地の武蔵の史跡やゆかりの地を訪ね歩く方もいるでしょう。たとえば、決闘の場所である一条寺下り松や三十三間堂、巌流島。また、『五輪書』を執筆した熊本の霊巌洞《れいがんどう》なども人気のある場所です。

そうした人々のなかから、武蔵にはお墓がたくさんあり、どれが本物だかわからないという声が聞こえてくることがあります。よく知られているだけでも、晩年を過ごした熊本に三か所、生誕地説の一つである岡山県の大原町（現・美作市）にも一つあります。そこで、武蔵のお墓についても触れておくことにします。

歴史上の人物には、墓と伝えられるものが複数存在することが少なくありません。たとえば、源頼朝の父親の源義朝という人は、平清盛に敗れて逃走する途中、尾張国の野間という場所で家来の舅に暗殺され、首だけが都の清盛のもとに届けられました。義朝の場合、野間と鎌倉に墓があるのですが、野間のほうは胴塚、鎌倉のほうは、源頼朝が天下をとった後、いったん京都に埋葬された首を鎌倉に持ち帰って改葬したと伝えていますので、首塚でしょう。このように、首塚と胴塚、二か所に墓のある人がいます。

また、その人がどこで死んだか不明なために、関係の深い何か所かに供養塔のようなものが建てられ、それぞれが「墓」と呼ばれるようになるケースもあります。戦国武将の武田信玄などがこれです。彼は遠征の途中に急死するのですが、自分の死を織田信長に知られまいがために、「わが喪は三年間秘せ」と命じました。この結果、どこが墓なのかわからなくなってしまったのです。

しかし、宮本武蔵の場合は、こうした異説が立つ余地はあまりなく、熊本にある武蔵塚（「東の武蔵塚」と呼ばれているもの）が本当の墓です。武田信玄のように死を隠す事情もなく、首を取られるようなこともなく、正式に弔われて埋葬されました。

では、その他の墓（のようなもの）は何かと言いますと、彼を尊敬していた人や家族、縁者などが、遺髪などゆかりのものを祀《まつ》った供養塔と考えられます。火葬の場合は灰を分骨してもらうこともあります。ただ、後世になってから子孫や関係者が先人をしのんで塔を建立することもありますので、そうした場合には、何が入っているのかわかりません。

あちらにもこちらにもお墓といわれるものがあると、少々いんちき臭《くさ》い感じを受けることもありますが、ある意味で、墓がたくさんあることは「偉大な人物の証明」でもあります。

なお、武蔵は死に際して、自分の遺骸《いがい》には甲冑《かっちゅう》を着せて埋葬してほしいと遺言しており、その願いどおり甲冑姿で、立ったまま葬られました。

武蔵は長いこと身の置き所がなかったのですが、熊本藩主の細川忠利《ただとし》（細川忠興《ただおき》の子）だけは、武蔵にとっては唯一ともいえるよき庇護者《ひごしゃ》でありました。処遇は一般に三百石といわれ、たいした禄ではないのですが、なによりも武蔵を尊敬して、客分として手厚く遇しました。ですから、武蔵のほうも非常に感謝し、藩主の安全をお護《まも》りするという忠義心から、参勤交代の往還道である弓削《ゆげ》村（現在の武蔵塚の地）に埋葬を希望したといわれています。

甲冑姿で立ったまま葬られたというのも、このような藩主への武士道精神からであったと考えられます。が、ほかにも理由は考えられなくもありません。

武蔵という人は、いちおう武士の出身ではあったようですが、あまり上級の武士ではありませんでした。たとえば関ヶ原の合戦に従軍したときも、よくてせいぜい足軽程度だったと思われます。

武蔵は兵法者として万能の才を持っていました。しかし、すでにそれをもてはやす時代ではなくなっていましたし、時代の要請とも合わなくなっていました。巌流島の決闘以後、細川家に客分として迎えられるまで、各地を放浪していたと考えられますが、そのなかでも高い地位を得ることはできませんでした。島原の乱では唯一、軍監として出陣したようですけれども、ここでも不覚の重傷を負って、はかばかしい手柄は立てられませんでした。

そのような武蔵にとって、この世に残す思いは、いわゆる本物の武士になり、一藩の重臣として、きちんとした正規の侍大将のような身分になりたかったということではないでしょうか。そうした思いを、最後の最後にみずからの遺骸に甲冑をまとわせることによって実現したのではないかという気もします。

そこに、武蔵の悲劇を感じます。

第四章

『五輪書』を読む——実戦の天才・武蔵を検証する

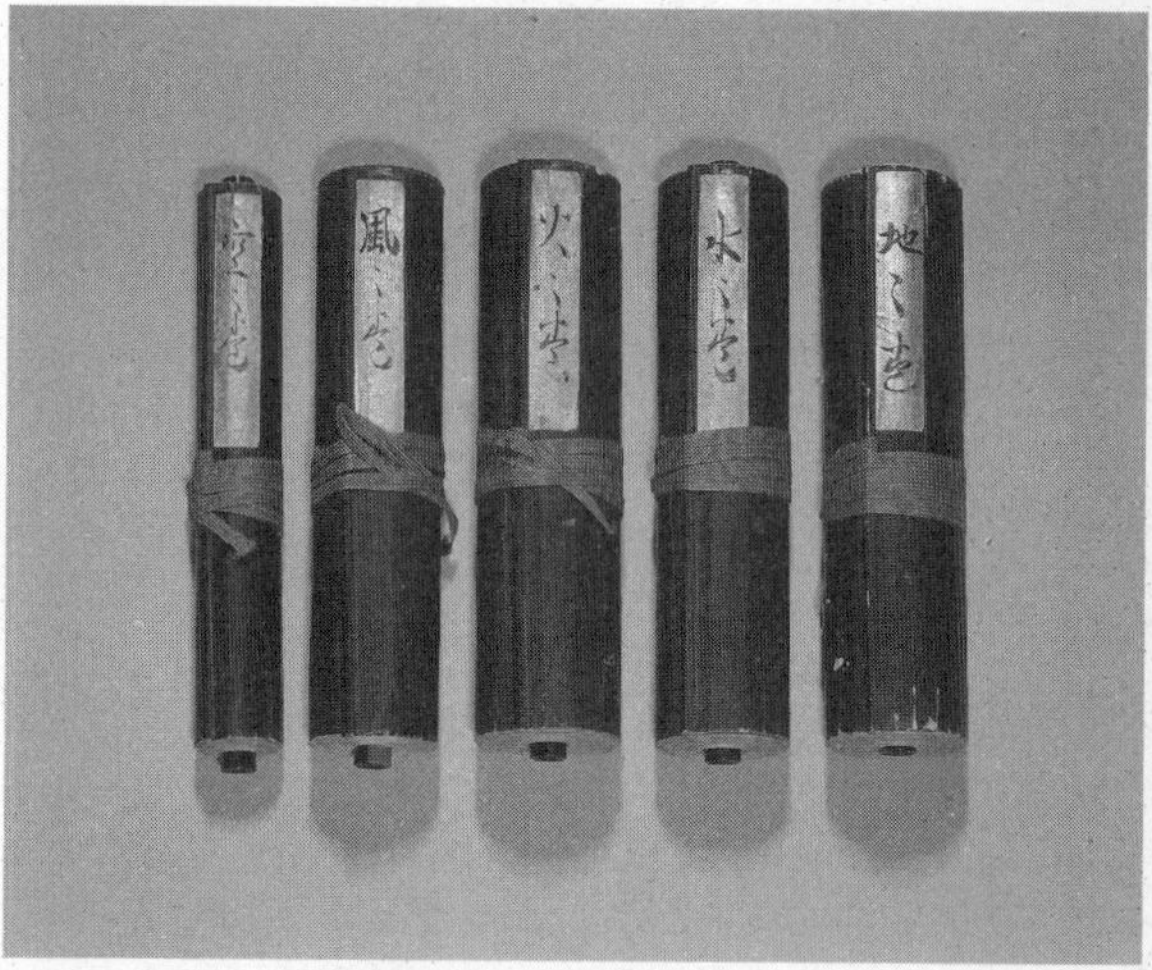

五輪書（東京・永青文庫蔵）
武蔵が晩年に書き上げた兵法書。仏教の世界観でいう、この世を形作る五元素（五輪）の地・水・火・風・空になぞらえて、五巻構成となっている。武蔵の兵法観や二天一流の優位性が、平明な文章で力強く著されている。

『五輪書』のわかりやすさ

この章では、いままで折に触れて述べてきた『五輪書』について、内容を詳しく見ていくことにします。

本来、「兵法者」というのはある意味で「技術者」ですから、その著述はどうしても細かいテクニックの解説に傾きがちで、全体を貫く哲学が希薄になる傾向があります。あるいはその逆に、哲学にこだわりすぎるあまり、実際の技術についての解説がおろそかになるケースも少なくありません。言っていることは精神論として大変立派なのだけれども、具体的には役に立たないと評されるような書物です。たとえば柳生宗矩《むねのり》の『兵法家伝書』などが、この典型といえるでしょう。

これに対して、武蔵の『五輪書』は、技術論に深く踏み込んだ実戦的な兵法書でありながら、その枠を超えて、独自の哲学的な境地も示されている。技術としての剣術、哲学としての剣術の両者を表現した、希有《けう》な書物です。完成度が高いうえに、文章もじつにわかりやすく書かれています。

「わかりやすいといっても、江戸時代の本ではないか」とお思いの方もいるでしょう。

それはその通りで、現代語で書かれた小説のようなわけにはいきません。しかし、日本の文章史のなかに置いてみると、『五輪書』ほど読みやすい文章は珍しいのです。

平安時代の文学はいうにおよばず、日本人にとって書物というものは、かつては一部の知識階級が個人的に楽しむものでした。したがって、本来なら他人に読まれるはずがない。にもかかわらず、明らかに他人に読まれることを意識して書かれています。「日記文学」といわれる『土佐日記』や『更級《さらしな》日記』などがよい例です。とっつきにくいし、表現も難渋だし、要点もわかりにくい。それは昔の言葉で書かれているからではありません。自分がいかに教養にあふれた人間であるか、感性に富んだ人間であるかを、周囲の人間、あるいは後世の人間にひけらかそうとしているにもかかわらず、そうでないふりを装った自己中心的な文章だからです。言ってみれば、書き手の「見栄」です。その結果、結局、誰に向かって何が言いたいのかわからないような文章になってしまうのです。

これに対して、宮本武蔵の『五輪書』は、最初から読む人間の理解を中心に置いています。これは珍しいことで、私はこうした文章を「達意の文章」と呼ぶのだと思います。

ほかにこうしたわかりやすい文章の例をさぐれば、たとえば『平家物語』や『太平記』のような軍記物があげられます。なぜかといえば、軍記物は、もともと琵琶《びわ》法師や講釈師の「語りもの」として発達したからです。つまり、字の読めない民衆でも耳で聞いて理解できるように、あらかじめ平易な文章に工夫されているのです。

もう一つ『五輪書』と並ぶ達意の文章として、浄土真宗中興の祖の蓮如の「御文《おふみ》」(御文章)があげられます。これも、もともと難解な仏教の真理を、それこそまったく無学の信徒たちにわからせるのが目的でしたから、とにかく理解しやすくすることに重点が置かれました。

このように見ていくと、広い意味での思想書、あるいは技術書の中で、宮本武蔵の『五輪書』ほど読みやすい文章は近世以前ではまれなことがよくわかります。それは、やはり宮本武蔵が「実戦の天才」だったからといえるのではないでしょうか。

五つの章立て

仏教では、世界は五つの元素、すなわち地・水・火・風・空という五つのエレメンツからできていると考えられており、これを「五輪」と称するのですが、武蔵もこの五要素を用いて五巻の章立てとしました。

まず、第一巻「地の巻」では、武蔵の考案した「二天一流」の基礎的な考え方を記しています。

第二巻「水の巻」では、二天一流の剣法の詳細な解説を行っています。

第三巻「火の巻」では、実際に戦う場合、兵法者が注意すべき点を具体的に述べています。これは武蔵が生涯に六十余度を超えたと豪語する勝負の中で会得した極意であり、現代の剣道家や武道家にも参考になる点が少なくなく、ファンの多い巻です。ちなみに、火とは戦いを象徴しています。

第四巻「風の巻」には、武蔵の洒落《しゃれ》っ気が少しうかがえます。ほかの流儀のことを風にたとえ、自分の流儀と比較しています。最終的にはみずからの流派の優位性をまとめて主張しています。

第五巻「空の巻」では、武蔵が死線を越えて最終的に到達した精神的な境地が述べられています。

以上が『五輪書』の概略です。それでは、それぞれの具体的な解説に入ってゆきましょう。

地の巻

「地の巻」は、武蔵の剣法の基本的な考え方を述べた巻ですが、この中の「兵法の道、大工にたとへたる事」の項で、武蔵は剣の道を大工になぞらえて次のように説明しています。

大将は大工の統領として、天下のかねをわきまへ、其国のかねを糺《ただ》し、其家のかねを知る事、統領の道也。

武士の大将は大工でいえば棟梁《とうりょう》（統領）であって、大工の使うかね（物差し）は天下を治める法のようなものである。その法を正し、世を治める方法を知るのが大将の道である。つまり、大工の棟梁は人々を使い、さまざまな部分の指図をしながら建築物を立ち上げてゆきますが、そういう意味では大工の棟梁も武門の大将も同じであるというのです。

武蔵の兵法は、単に一人の相手に勝つための兵法ではなく、大勢の集団との戦いにおいても勝つ兵法であるということを、一般の庶民にもわかりやすい大工の棟梁のたとえで言っているわけです。

いまでこそ、「政治家が国を動かすのは大工の棟梁が家を建てるのと同じだ」などという言い方をよくしますが、このようなたとえは、昔は不謹慎以外のなにものでもなかった。なぜなら、当時は身分の差がありましたから、「身分の低い大工と身分の高い政治家がなぜ同じなのか」という文句が必ず出たのです。武蔵は当たり前のように書いていますが、この時代としては、なかなか画期的なことでした。

第三章の「武蔵を取り巻く謎」で、武蔵の「二刀」の真意について述べましたが、それが書いてあるのもこの巻です。

また、この巻で武蔵がもう一つ強調しているのは、「拍子」の重要性です（「兵法の拍子の事」）。

拍子とは、現代語では「リズム」と訳すべきでしょうか。要するに、あらゆるものごとにおいて大切なのはリズムであり、音楽などの芸能はもちろん、武芸の道においても例外ではないという主張です。たとえば、弓を射ること、鉄砲を撃つこと、馬に乗ること。それだけでなく、商いの道にリズムがあると武蔵は言います。

或は商の道、分限《ぶげん》になる拍子、分限にてもそのたゆる拍子、道〳〵につけて拍子の相違有る事也。物毎《ものごと》のさかゆる拍子、おとろふる拍子、能々《よくよく》分別すべし。

ビジネスの道でも儲かるタイミング、儲かるリズム、あるいはそれを失うリズムというものがある。あらゆることについて栄えるリズム、衰えるリズムがあって、物事はそのリズムによって動いているのだから、上昇機運、下降機運をよくよく見分けるよう努力すべきだというのです。なかなか独創的ではありませんか。

「地の巻」の結論として、武蔵は次のように述べます。

大きなる兵法にしては、善人《よきひと》を持つ事にかち、人数をつかふ事にかち、身をたゞしくおこなふ道にかち、国を治むる事にかち、民をやしなふ事にかち、世の例法をおこなひかち、いづれの道におゐても、人にまけざる所をしりて、身をたすけ、名をたすくる所、是兵法の道也。

「大きなる兵法」（広い意味での兵法）は、優秀な部下を抜擢《ばつてき》し、多数の組織を自在に操り、指揮者としての自分も身を正しく律し、国をよく治め、民の暮らしをよく養い、規律を浸透させることである。つまり、どのような道においても、人に負けぬ上手な勘所を知って処せば、みずからの身を助け、名をなすことができる。これこそ真の兵法の道である、というわけです。

　これはある意味でライバル柳生宗矩の『兵法家伝書』に似ていますが、その過程はまったく違います。

　柳生宗矩も、「剣法は単なる殺人技術ではなく治世の技術にまで高められる」と主張しています。しかし、論理としては、禅などを中心とした抽象的な精神論から入っていきます。武芸者が身につける精神修養法も為政者の精神修養法も同じであるから、剣術の精神が現実の政治に役に立つのだ、というアプローチです。

　これに対して、武蔵は、人と人が殺し合う剣術という殺伐な世界から「勝つ」ための原理を抽出し、それは結局、国を治める原理にも通ずると察しました。武蔵はあくまで実戦の人なのです。

水の巻

　だからこそ、武蔵は第二巻「水《すい》の巻」で実戦の原理を説きました。先ほどの拍子論（世の中のあらゆる現象にはすべてリズムがあり、そのリズムをつかむことによって支配できる）などは、その典型的な発想であろうと思われます。

よく、なにごとをなすにも「平常心」が大切だといいます。武道の世界だけでなく、オリンピックの体操選手の得点競技などでも、必ずそのようなことがいわれます。禅の世界では、平常心という言葉は以前から存在しました。が、これを一般人にも読めるようなわかりやすいかたちで世に広めたのは、じつは宮本武蔵です。「水の巻」の冒頭に、「兵法心持の事」という項があります。そこには、

兵法の道におゐて、心の持ちやうは、常の心に替る事なかれ。

つまり、いちばん大切なのは平常心だとあります。

心に用心して、身には用心をせず。

という名言もあります。心においてはいささかの注意も怠ってはならないけれども、それによって体が萎縮《いしゆく》してはならないというのです。こんなことを実戦的な注意として言いはじめたのも、武蔵が初めてです。

『五輪書』はそれほど長いものではありませんし、本も岩波文庫版をはじめ、現代語

の注釈がついたものなど、数多く出版されていますから、皆さんもぜひ一度、手にとって読んでいただきたいと思います。それほど難しいものではありません。

最初に述べたように、武蔵は「自分の書いたものを人に理解してもらう」ことを念頭に置いていましたから（これは文章家の基本です）、決して難解な表現をとらず、痒《かゆ》いところに手が届くように書いています。

それでは、「兵法心持の事」に続く「兵法の身なりの事」の部分と、その次の「兵法の目付《めつけ》といふ事」「太刀のもちやうの事」の原文をかかげますので、彼の文章を味わってみてください。

一　兵法身なりの事

身のかゝり、顔はうつむかず、あをのかず、かたむかず、ひずまず、目をみださず、ひたいにしわをよせず、まゆあいにしわをよせて、目の玉うごかざるやうにして、またゝきをせぬやうにおもひて、目をすこしすくめるやうにして、うらやかに見ゆるかを、鼻すじ直《すぐ》にして、少しおとがいを出す心なり。くびはうしろのすじを直に、うなじに力をいれて、肩より惣身《そうみ》はひとしく覚へ、両のかたをさげ、脊《せ》すじをろくに、尻を出さず、ひざより足先まで力を入れて、腰のかゞまざるやうに腹をはり、くさびをしむるといひて、脇差のさやに腹をもたせて、帯のくつろがざるやうに、くさびをしむるといふおしへあり。惣而《そうじて》兵法の身におゐて、常の身を兵法の身とし、兵法の身をつねの身とする事肝要也。能々《よくよく》吟味すべし。

（現代語訳）

戦うときの体の体勢は、顔はうつむかず、あおむかず、曲げず、目をきょろきょろさせず、額にしわを寄せず、眉の間にしわを寄せ、目玉を動かさないよう、まばたきをしない気持ちで、目をやや細めるようにする。おだやかな顔で鼻筋はまっすぐに、少し顎《あご》を出すように。首は後ろの筋をまっすぐに保ち、うなじに力を入れて、肩から全身に同じように力が入るようにする。両肩を下げ、背筋はまっすぐに、尻を出さず、ひざから足先にまで力を入れ、腰がかがまないように腹をはる。くさびをしめるといって、脇差の鞘に腹をくっつけ、帯がゆるまないようにせよといわれている。すべて兵法では、平常時の体の姿勢を戦時のようにし、戦時でも平常と同じ姿勢で戦うことが大切である。よくよく吟味するように。

一　兵法の目付といふ事

目の付けやうは、大きに広く付くる目也。観見《かんけん》二つの事、観の目つよく、見の目よはく、遠き所を近く見、ちかき所を遠く見る事、兵法の専《せん》也。敵の太刀をしり、聊《いささ》かも敵の太刀を見ずといふ事、兵法の大事也。工夫有るべし。此目付、ちいさき兵法にも、大きなる兵法にも、同じ事也。目の玉をうごかずして、両わきを見る事肝要也。かやうの事、いそがしき時、俄《にわか》にはわきまへがたし。此書付《かきつけ》を覚へ、常住此目付になりて、何事にも目付のかわらざる所、能々吟味あるべきもの也。

（現代語訳）

戦うときの目の配り方は、大きく広く配ることである。心で見る観を第一とし、目で見る見は二の次にせよ。離れた所の状況をよくつかみ、身近な動きから全体を推定することが兵法では非常に大切である。敵の太刀の中身をよく知り、その表面の動きにまどわされないことが肝心である。このことは一対一の戦闘にも、多人数の合戦でも同じである。目玉を動かさないで両脇を見ることが肝要である。こうしたことは、せわしいなかで、急に身につけようとしても困難だ。この書をよく記憶して、平生からこのような目付きとなり、どんな状況でもそれを保つよう、十分に吟味すべきである。

一　太刀の持ちやうの事

太刀のとりやうは、大指ひとさしを浮《う》ける心にもち、たけ高指しめずゆるまず、くすしゆび・小指をしむる心にして持つ也。手の内にはくつろぎのある事悪《あ》しし。敵をきるものなりとおもひて、太刀をとるべし。敵をきる時も、手のうちにかわりなく、手のすくまざるやうに持つべし。もし敵の太刀をはる事、うくる事、あたる事、おさゆる事ありとも、大ゆび・ひとさしゆびばかりを、少し替る心にして、とにも角《かく》にも、きるとおもひて、太刀をとるべし。ためしものなどきる時の手の内も、兵法にしてきる時の手のうちも、人をきるといふ手の内に替る事なし。惣而《そうじて》、太刀にても、手にても、いつくとゆふ事をきらふ。いつくは、しぬる手也。いつかざるは、いきる手也。能々心得べきもの也。

（現代語訳）

太刀の持ち方は、親指と人差し指をやや浮かすような心持ちとし、中指はしめず、ゆるめず、薬指と小指をしめるようにして持つことである。手の中にゆるみがあるのはよくない。太刀を持つときには、いつも敵を斬ることを心に持つことである。敵を斬るときも、手の握りは変わることがなく、手が萎縮しないように持つこと。もし敵の太刀を打ったり、受けたり、おさえたりすることがあっても、親指と人差し指の握りをやや変えるくらいのつもりで、何よりも相手を斬るのだという気持ちで太刀をとるようにせよ。試し斬りのときにも、戦闘の際にも、人を斬るという点では手の持ち方に変わりはない。総じて太刀の動きにせよ、手の持ち方にせよ、固定してしまってはならない。固定は死であり、固定しないことが生である。十分に心得るように。

また、武蔵は次のような面白いことも言っています。

一　たけくらべといふ事

たけくらべといふは、いづれにても敵へ入込《いりこ》む時、我身のちゞまざるやうにして、足をものべ、こしをものべ、くびをものべて、つよく入り、敵のかほとかほとならべ、身のたけをくらぶるに、くらべかつと思ふほど、たけ高くなつて、強く入る所、肝心也。能々工夫有るべし。

（現代語訳）

どんなときでも敵に体を寄せる場合は、自分の体を縮こませることがないように、足も、腰も、首をも伸ばして、敵の顔と自分の顔をならべ、背丈をくらべれば、自分の方が勝つと思うぐらいに、十分に身体を伸ばして、強く入り込むことが大切である。よくよく工夫するように。

これを読むと、野球のオールド・ファンはあるエピソードを思い出すのではないでしょうか。伝説の四百勝投手の金田正一が、当時ゴールデン・ルーキーだった長嶋茂雄と初めて対決する前に球場内ですれ違ったとき、わざと背伸びをして相手を威圧しようとしたという話です。

もちろん金田さんが『五輪書』を意識していたとは思えませんが、こうした実戦的な知恵は、勝負の世界では自然に身につくものなのでしょう。

宮本武蔵は一人で多数の敵と戦うときの心構えも述べています。

一　多敵のくらいの事

多敵のくらいといふは、一身にして大勢とたゝかふ時の事也。我刀わきざしをぬきて、左右へひろく、太刀を横にすてゝかまゆる也。敵は四方よりかゝるとも、一方へおいまはす心也。敵かゝるくらい、前後を見わけて、先へすゝむものに、はやくゆきあい、大きに目をつけて、敵打出すくらいを得て、右の太刀も左の太刀も、一度にふりちがへて、待つ事悪しし。はやく両脇のくらいにかまへ、敵の出でたる所を、つよくきりこみ、おつくづして、其儘《そのまま》又敵の出でたる方へかゝり、ふりくづす心也。いかにもして、敵をひとへにうをつなぎにおいなす心にしかけて、敵のかさなると見へば、其儘間《ま》をすかさず、強くはらいこむべし。敵あいこむ所、ひたとおいまはしぬれば、はかのゆきがたし。又敵の出づるかた〳〵と思へば、待つ心ありて、はかゆきがたし。敵の敵の拍子をうけて、くづるゝ所をしり、勝つ事也。折々あい手を余多《あまた》よせ、おいこみつけて、其心を得れば、一人の敵も、十二十の敵も、心安き事也。能く稽古して吟味有るべき也。

(現代語訳)

一人で大勢と戦うときは、こちらは太刀と脇差しの両方を抜き、左右に広く、斜めに広げて構える。敵が四方からかかってきても、一方に追い回す気持ちで戦うことが肝心だ。敵のかかってくる状況や後先を見分け、先にかかってくる者とまず戦い、全体の動きに目を配って、敵の打ちかかってくるタイミングをとらえ、右の刀も左の刀も一度に振り違えるように斬る。待ってはいけない。斬ったあとはすばやく両脇の構えに戻し、敵が出てきたところを強く斬り込み、できるだけ敵の構えを崩し、そのまま敵の出てくるところへ打ちかかって斬り崩す。大切なことは、魚を追い込むようにして敵が一重に重なるよう、追い込む呼吸である。敵が重なったならば、そのまま間髪を入れず強く打ち込め。逆に敵が固まっているところをむやみにこちらから追えば、それははかどらない。また、敵が出てくるのを待ち受けようと思っても、それは心が後手に回り、能率があがらない。敵のリズムを発見し、敵のリズムを心得て、崩しやすいところを狙うべきである。わざと相手を大勢集め、それに追い込みをかけ、そのリズムをつかめば、一人の敵であろうが、十人の敵であろうが、二十人の敵であろうが、安心して戦えるようになるものである。よくよく稽古して吟味するように。

われわれ凡人が実際にこのようにやろうとしても、決してうまくはいかないでしょう。しかし、それにしても、この部分などは、武蔵の剣法が実体験に基づくものであることがじつによくわかるくだりです。

火の巻

次は「火《か》の巻」です。「火の巻」には、実際に敵と戦った場合の実戦的な知恵が、さらに詳しく述べられています。これも実際に読んでいただくのがいちばんいいので、印象的な節を二、三紹介しましょう。

一　敵になるといふ事

敵になるといふは、我身を敵になり替へて思ふべきといふ所也。世中《よのなか》をみるに、ぬすみなどして家の内へ取籠《とりこも》るやうなるものをも、敵をつよく思ひなすもの也。敵になりておもへば、世中の人を皆相手とし、にげこみて、せんかたなき心なり。取籠るものは雉子《きじ》也、打果しに入る人は鷹《たか》也。能々工夫あるべし。大きなる兵法にしても、敵をいへば、つよく思ひて、大事にかくるもの也。よき人数を持ち、兵法の道理を能く知り、敵に勝つといふ所をよくうけては、気遣すべき道にあらず。一分《いちぶん》の兵法も、敵になりておもふべし。兵法よく心得て、道理つよく、其道達者なるものにあいては、必ずまくると思ふ所也。能々吟味すべし。

（現代語訳）

敵になるというのは、わが身が敵になりかわったものとして、つまり敵の立場に立って考えることをいう。世の中を見ると、たとえば盗人が家の中に立て籠った場合など、その者が非常に強いように考えがちである。しかし敵の身になってみれば、世間の人をすべて相手として、追い込まれてしまい、どうにもならない気持ちなのである。立て籠っているのは雉《きじ》であり、打ち果たしに行くのは鷹なのだ。このことをよくわきまえるように。多人数の合戦においても、とかく敵というのは強いものと思い込んで、慎重になりがちである。しかしよい部下を持ち、兵法の道理をよく知り、勝機を心得てさえいれば、心配はいらないのだ。一対一の勝負でも、敵の身になって考えてみよ。誰しも兵法をよく心得て、道理にまさり、武芸にすぐれているものにかかっては必ず負けると思うものである。よくよく吟味するように。

これは、いまでも将棋や囲碁のプロ棋士などがよくやっていることで、「盤面をひっくり返す」などと表現されます。
もっとも、実際に盤と駒をひっくり返してしまうという意味ではなく、相手側に座った感覚で盤面を見るということです。自分の読みだけでは独りよがりで独善的になってしまうけれども、相手の読みを加えるとより立体的になり、自分が気づいていなかったことにも気づく。こんなことも、武蔵は言っているのです。

一　むかつかするといふ事
むかつかするといふは、物毎《ごと》にあり。一つにはきわどき心、二つにはむりなる心、三つには思はざる心、能く吟味有るべし。大分《だいぶん》の兵法にして、むかつかする事肝要也。敵の思はざる所へ、いきどふしくしかけて、敵の心のきわまらざる内に、我利を以て先《せん》をしかけて勝つ事肝要也。亦《また》一分の兵法にしても、初めゆるりと見せて、俄《にわか》につよくかゝり、敵の心のめりかり、働《はたらき》に随《したが》ひ、いきをぬかさず、其儘利を受けて、かちをわきまゆる事肝要也。克々可レ有二吟味一也《よくよくぎんみあるべきなり》。

（現代語訳）
腹を立て苛《いら》つくということは、さまざまな場合にある。危険な場合、困難な場合、予測しないことが起きた場合などである。よく研究すべきである。大勢の合戦でも、相手方を苛立たせることが大切だ。敵の予測しないところへ、不意をつき、その心が動揺しているうちに、こちらの有利なように先手をかけて勝つことが肝要である。また一対一の戦闘でも、はじめはわざとゆっくりしたようすを見せ、急に強く攻撃し、敵の心の状態と動きに応じて、息をつかせないようにし、こちらの有利なままに勝利することが大切である。十分に吟味してほしい。

これを読めば有名なシーンが思い浮かびます。おそらく、武蔵の小説も映画も知らない人でも、これだけはなんとなく知っているという、「巌流島の決闘」の名場面です。武蔵はこの決闘ではわざと遅参して相手を苛立たせ、小次郎が怒りのあまり刀を抜き放ち、鞘を波間に捨てると、「小次郎負けたり」と言い放ったと伝えます。当然、小次郎は「なにゆえをもって」と聞き返すのですが、武蔵は「勝つ身であればなぜ鞘を捨てる」という言葉で相手の心理状態をかき乱します。これが、「大分の兵法にして、むかつかする事肝要也」です。

ちなみに、「ムカつく」という言葉はいまの若い人もよく使います。これを江戸時代の武蔵も使っていたことには、ちょっと笑いを誘われます。

また、武蔵は「さんかいのかわり」ということも言っています。「さんかい」とは山と海のこと。同じことを二度三度しかけてはならぬという意味です。

敵もバカではないですから、同じことを二度三度やれば当然ながらさとられ、防御姿勢をとられてしまう。したがって、相手が山と思えば海としかけ、海と思えば山としかけるのが兵法の極意。常に「相手の意表をつけ」というわけです。

その点では、武蔵はときおり「遅刻常習犯だった」といわれるのですが、実際は違うのではないか、という気がします。もちろん、相手を「むかつかする」ために、ときにはわざと遅刻もしたでしょう。しかし、いつもこの手を使えば「さんかいのかわり」と矛盾するわけですから、少なくとも常習犯ではなかったと思います。

風の巻

「風《ふう》の巻」は他流批判の章です。他流を批判するなかから、あぶりだしのように、武蔵が理想と考える方法論、ひいては武蔵の心が見えてきます。

まず、「他流に、大きなる太刀を持つ事」という節を見てみましょう。なかなか面白いくだりなので、少々長いですが、全文を載せます。

一　他流に、大きなる太刀を持つ事

他に大きなる太刀をこのむ流《りゆう》あり。我兵法よりして、是をよはき流と見たつる也。其故《そのゆえ》は、他の兵法、いかさまにも人に勝つといふ理をば知らずして、太刀の長きを徳として、敵相遠《あいとお》き所よりかちたきと思ふによつて、長き太刀このむ心あるべし。世中にいふ、「一寸手まさり」とて、兵法しらぬものの沙汰《さた》也。然るによつて、兵法の利なくして、長きを以て遠くかたんとする、それは心のよわき故なるによつて、よはき兵法と見たつる也。若《も》し敵相近く組みあふほどの時は、太刀長き程打つ事もきかず、太刀のもとをりすくなく、太刀を荷にして、小脇差《わきざし》手振の人におとるもの也。長き太刀好む身にしては、其云《いい》わけはあるものなれども、それは其身ひとりの理也。世中の実《まこと》の道より見る時は、道理なき事也。長き太刀もたずして、短き太刀にては必ずまくべき事か。或は其場により、上したわきなどのつまりたる所、或は脇差ばかりの座にても、長きをこのむ心、兵法のうたがひとて、あしき心也。人により少力なるものもあり。むかしより、「大は小をかなへる」といへば、むさと長きをきらふにはあらず、長きとかたよる心をきらふ儀也。大分の兵法にして、長太刀は大人数也。短きは小人数也。小人数と大人数にて合戦はなるまじきものか。小人数にて大人数にかちたる例《ためし》多し。わが一流におゐて、さやうにかたづきせばき心、きらふ事也。能々吟味有るべし。

〈現代語訳〉

ほかの流派において、大きな太刀を持つことを好む者があるが、私（武蔵）の兵法から見ればこのようなものは弱い流儀である。その理由は、こうした兵法では敵に勝つための理屈を心得ずに、ただ太刀の長さを利点として、遠いところから敵に打ち込んで勝つことのみを望んでいるためだ。世の中には「一寸手まさり」などといって、一寸でも長ければ有利といわれているけれども、これは兵法をしらない者の言い訳にすぎない。兵法の道理を知らず、長さに頼って勝ちを得ようとするのは、実は心の弱さの現れである。だからこそこれを弱者の兵法というのである。たとえば敵との接近戦の場合は、太刀が長いほど打つことが困難になる。太刀を振り回すこともできず、太刀の長さ自体が障害となって、短い脇差をふるう敵に負けてしまう。長い太刀を好む人には、それぞれ言い分もあろうが、それはその人だけに通用する理屈にすぎない。世の中の実戦的な道から見れば、道理のない理屈といっていい。考えてもみるがいい。長い太刀ではなく短い太刀しか持っていない人間は、必ず敗れるであろうか。たとえば天井や扉などが狭い場所。脇差しか使えないような場所でも長い太刀を優先しようという心があるとしたら、それはむしろ兵法上の迷いというべきであって、心掛けとしては間違っている。人によっては力が弱く、長い太刀を差すことのできない人もいる。もっとも大は小を兼ねるという言葉もあるから、むやみやたらと長い太刀がいけないというのではない。ただ、長い太刀さえあれば有利だという偏った心根が間違っているというのだ。広義の兵法にしていえば、長い太刀は大人数、短い太刀は小人数である。小人数と大人数とでは合戦にはならないか、小人数が大人数と戦えば必ず負けるだろうかといえば、そんなことはない。古来、小人数で大人数に勝った例は多い。私の流儀においては、このように長ければよいという偏った心を嫌うのである。この点はよくよく研究されたい。

これはある意味で、佐々木小次郎批判です。ただし、小次郎が真実、巷間いわれるような長剣（いわゆる「物干竿」）を帯びていたのかどうかは、史実のうえでは明確ではありません。

ともあれ、武蔵の時代には長い刀を好む流派がある一方、小太刀を中心とした流派もあり、武蔵はそのどちらについても「偏るべきでない」と考えました。一方の小次郎は、もともとは小太刀を中心とする富田《とだ》流に学び、最終的には長剣の有利さを活かすことに目覚め、巌流を創始したといわれています。

その意味では、二人の対決は武器にこだわった小次郎と武器にこだわらない(わけではありませんが)武蔵の対決ということでもあり、ドラマとしてはきわめて興味深いものだといえましょう。

空の巻

最終巻の「空《くう》の巻」は一ページほどしかありません。

「空」とはもともと仏教の基本概念で、「存在しないのに、存在する」「存在するのに、存在しない」という考え方です。まさに禅問答ですが、平たくいえば、「この世には絶対的なものはない」ということです。しかし、「絶対的なもののないところから、すべてが始まる」ということでもあります。

これに関しては、私のような人間が勝手に解説するのははばかられますので、これくらいにしておきましょう。

ただ、一言ヒントを言うとすれば、この空という概念を考えたのは、歴史的に見ておそらくインド人だろうということです。同じく数学上で「0」を発見したのもインド人とされています。0と空はともに「無」「存在しない」ということであり、基本的なところでつながっています。

昔は存在しないものをわざわざ表す必要もなかったので、0という概念もありませんでした。しかし、0という概念が生まれたからこそ、1が生まれ、2が生まれ、マイナス1が生まれたのです。

「あってなきがごとく」であり、「なきがごとくながらある」もの、それが0です。0と空が同じインド人によって発見されたことを思えば、空の意味がある程度理解できるのではないでしょうか。

以下に「空の巻」の全文を掲げます。あえて訳しません。皆さんでお読みになり、よくよく吟味してみてください。

二刀一流の兵法の道、空の巻として書顕《かきあら》はす事、空といふ心は、物毎《ものごと》のなき所、しれざる事を空と見たつる也。勿論《もちろん》空はなきなり。ある所をしりてなき所をしる、是則《すなわ》ち空也。世の中におゐて、あしく見れば、物をわきまへざる所を空と見る所、実《まこと》の空にはあらず、皆まよふ心なり。此兵法の道におゐても、武士として道をおこなふに、士の法をしらざる所、空にはあらずして、色々まよひありて、せんかたなき所を、空といふなれども、是実の空にはあらざる也。武士は兵法の道を慥《たしか》に覚へ、其外《そのほか》武芸を能くつとめ、武士のおこなふ道、少しもくらからず、心のまよふ所なく、朝々時々におこたらず、心意二つの心をみがき、観見二つの眼をとぎ、少しもくもりなく、まよひの雲の晴れたる所こそ、実の空としるべき也。実の道をしらざる間は、仏法によらず、世法によらず、おのれ〳〵は慥なる道とおもひ、よき事とおもへども、心の直道《じきどう》よりして、世の大かねにあわせて見る時は、其身〳〵の心のひいき、其目〳〵のひずみによつて、実の道にはそむく物也。其心をしつて、直《すぐ》なる所を本とし、実の心の道として、兵法を広くおこなひ、たゞしく明らかに、大きなる所をおもひとつて、空を道とし、道を空と見る所也。

空は有レ善無レ悪、智は有《う》也、利は有也、道は有也、心は空也。

宮本武蔵VS柳生宗矩

さて、以上、武蔵畢生《ひっせい》の書物である『五輪書』を見てきたわけですが、読者の皆さんはどのような印象を持たれたでしょうか。おそらく、大方の人は武蔵の「実」のある知性に感服されたのではないかと思います。

武蔵の言っていることは、けっして絵空事ではありません。何度も言うようですが、これは生きるか死ぬかの真剣勝負を経てきた者のみが語ることのできる貴重な証言であり、また、生きるか死ぬかの真剣勝負を経てきた者のみが達することのできる哲学的な境地だと私は思うのです。

しかし、そんな『五輪書』も、あまりに具体的、実戦的であるがゆえに、ときに誤解を受けることがあります。

第二章で、直木三十五の武蔵批判に触れましたが、日本人は抽象的な秘伝のようなものをありがたがる傾向があるので、あまり具体的に言われると、かえって「いい加減なことを言っているのではないか」といった疑いを持つのです。

たとえば、武蔵は「大勢の敵に囲まれたときにどう対処するか」といったことも非常に事細かに説きます。しかし、大方の兵法者は、「とにかく精神を集中せよ」のようなことしか言いません。そして、後者のほうが高尚であるととらえる人も少なくないのです。あるいは直木も、このような既成概念にとらわれていたのかもしれません。

また直木は、武蔵は柳生宗矩のような一流の兵法家とは対戦していない、戦ったのは二流の相手ばかりだ、とも批判しました。

柳生新陰流はそもそも「お止《と》め流」（他流試合をめったにしてはならない流派）であり、両者は立ち合いようもなかったのですが、ここで、武蔵と宗矩という同時代の対照的な二人の人物について、果たしてどちらが強かったといえるのか、私なりに考察してみることにします。

異種格闘技

武蔵が生涯六十余度戦ったという決闘の相手を眺めてみると、私はいまよくいわれている「異種格闘技」という言葉を思い出します。たとえば、プロレスラーとボクサーが戦ったり、空手家とプロレスラーが戦ったりするものです。

武蔵は相手が鎖鎌で臨んでこようが（宍戸某）、棒を持ってこようが（夢想權之助）、「俺は剣を使うのだから、お前も剣を使え」などという野暮なことは言いません。相手がどのような手を使おうが、勝利あるのみです。お互い勝負をする人間であり、一対一で戦う以上、「とにかく倒す」のが武蔵の真骨頂。これは、さまざまな武器を使う人間が同じ戦場で相乱れて戦っていた戦国時代の流れをくんでいると考えられます。ただ、だからこそ、武蔵の方法論は平和な時代にはあまりにも殺伐としすぎていて、誰も学ぶ気を起こさなかったともいえます。

これに対して、柳生新陰流のほうは道場剣法、勝負のルールを厳密に定め、異種格闘技はおろか流派が違うというだけで試合をしませんでした。このような点を考えると、武蔵と宗矩はそもそもまったく違う次元に生きていたのではないかという気がします。ですから、比較にならないのですが、やはり、純粋な剣の強さでは武蔵のほうがはるかに強かったのではないかと感じます。

武蔵の同時代人で、三代将軍家光の弟の駿河大納言忠長に仕えた渡辺幸庵は、武蔵と宗矩では「武蔵のほうが井目《せいもく》も強し」（碁の言葉で、段違いに強いということ）と言っていますが、私も同意見です。

『兵法家伝書』vs『五輪書』

では、武蔵の『五輪書』に対して、柳生宗矩の『兵法家伝書』がどのような書物であったのか、具体的にその一部をあげてみましょう。

兵法は人をきるとばかりおもふは、ひがごと也。人をきるにはあらず、悪をころす也。一人の悪をころして、万人をいかすはかりごと也。

（現代語訳）

兵法を単に人を斬る技術と心得るのは、誤まった解釈である。そうではなく、兵法とは悪を殺す技術なのである。一人の悪人を殺して、万人の罪のない民を生かす。これこそ兵法の目的である。

これが名高い柳生新陰流の「活人剣《かつじんけん》」の趣旨で、幕府のメガネにかなった理由がよくわかります。そして、全体をつらぬいている文章の調子は、こんな感じです。

一　心は水の中の月に似たり、形は鏡の上の影の如し。

右の句を兵法に取用ゐる心持は、水には月のかげをやどす物也。鏡には身のかげをやどす物也。人の心の物にうつる事は、月の水にうつるごとく也。いかにもすみやかにうつる物也。神妙剣の座を水にたとへ、心がうつれば、身が神妙剣の座へうつる也。心がゆけば、身がゆくなり。心に身はしたがふ物也。又。鏡をば神妙剣の座にたとへ、わが身をかげのごとくに神妙剣の座へうつせと云ふ心に、此句を用ゐる也。手足を神妙剣の座にはづすなと云ふ義也。月の水にかげをうつすは、いかにもすみやかなる物也。はるぐ〵高き天にあれども、雲がのくといなや、はや水にかげがさす也。高天からそろ〳〵と連々にくだりてうつる物にあらず。目まぢ一つせぬうちに、はやうつるなり。人の心の物にうつる事、月の水にうつるがごとくすみやかなと云ふたとへなり。

（現代語訳）

心は水の中の月に似たり、形は鏡の上の影ごとし。

右の句を兵法に取り上げる理由は、水とは月の影をやどすものであり、鏡は姿をうつすものであるからだ。人の心が物に乗り移ることは、月が水に姿をうつすように、はやいものだ。神妙剣の座（太刀の収まる所）を水にたとえ、心がうつれば、身が神妙剣の座にうつるのだ。心が向かえば、身が向く。心に身は従うものだ。また、鏡を神妙剣の座にたとえれば、わが身を影のように神妙剣の座にうつせという心に、この句を用いるのだ。手足を神妙剣の座からはずしてはならない。月が水に姿をうつすのは、非常にはやいものだ。月は高い天にあるのだが、雲がなくなるやいなや水に姿をうつす。徐々に天から下ってきてうつるのではない。まばたきひとつの瞬間にうつるのである。人の心が物に乗り移ることも、月が水に姿をうつすようにはやいものであるというたとえである。

『五輪書』とはずいぶん違う趣であることがおわかりいただけるでしょう。

柳生新陰流の理念を最もよく象徴しているのが、次にあげる「無刀取り」というものです。これは柳生石舟斎が師である上泉伊勢守から教わったというもので、「兵法には必ずしも刀は必要ない」とする、まさに禅的な発想です。

無刀は、とる用にてもなし、人をきらんにてもなし。敵から是非きらんとせば、取るべき也。取る事をはじめよりより本意をはせざる也。よくつもりを心得んが為也。敵とわが身の間《ま》何程あれば、太刀があたらぬと云ふ事をつもりしる也。あたらぬつもりをよくしれば、敵の打つ太刀におそれず、身にあたる時は、あたる分別のはたらきあり。無刀は、刀のわが身にあたらざる程にてはとる事ならぬ也。太刀のわが身にあたる座にて取る也。きられてとるべし。

（現代語訳）

無刀は、相手の刀を取ることでもなく、人を斬ろうということでもない。敵が絶対に斬ろうと向かってきたときに取るべきである。はじめから相手の刀を取るとすべきではない。状況をよく心得るためのものである。敵と自分との距離がどれだけあれば、相手の太刀があたらないかということを推定するものである。その間合いをよく知れば、敵が打つ太刀を恐れず、敵の身にあたるときは、分別をもってあたれるのである。無刀は、相手の刀が自分にあたらない距離では取ることは不可能である。相手の太刀があたる間合いで取ることだ。相手に切られて取るものである。

石舟斎は若き日に剣聖である伊勢守に試合を挑んで、素手の伊勢守にことごとく刀を奪われてしまった。そこから、本来剣術は剣をいかに操るかという技術であったけれども、じつはそうではなく、みずからは武器を持たず、相手の武器を奪うことが究極の理想であるという結論に辿りついたというのです。

たしかに、まさに平和の時代にふさわしい「治国の剣」であるとは感じます。しかし、果たしてそんなことができるのだろうかという疑問も大いに感じます。

これに対して、武蔵は「戦うならば二本の手をフルに使い、腰に着けている二本の刀もすべて使いきってから死ね」と言います。両者が非常に対照的であることは確かです。

さて、読者の皆さんは、どのようにお感じになるでしょうか。

第五章

武蔵を取り巻く「謎」——その二

宮本武蔵筆「布袋見闘鶏図」(福岡市立美術館蔵)
画人としての武蔵が、いつどのようにして画技を身につけたのかはまったく不明だが、その技術と画境は剣客の余技のレベルをはるかに超えている。闘鶏に見入る布袋の姿は愛らしくもあるが、よくみると近寄りがたい厳粛な面持ち。水墨画は禅とともに発展したが、剣にも「剣禅一如」という言葉があり、目指す境地は同じともいえる。武蔵が到達した境地が厳しく孤独なものであることが垣間見える名品だ。

私生活を物語る『独行道』

宮本武蔵の生涯については不明なことが多く、剣豪としての戦歴も必ずしも確定できません。にもかかわらず、彼の事績がある程度具体的な形をもって語られるのは、やはり『五輪書』によるところが大きいでしょう。

とはいえ、『五輪書』を読んでわかるのは、いわば公的な側面であり、プライベートな側面についてはよくわかりません。その点、彼の私的生活について参考になるのは、『五輪書』よりも『独行道《どくぎょうどう》』です。

『独行道』は、武蔵が『五輪書』を書き終えた後、死の直前に記して弟子の寺尾孫之《まごの》丞《じょう》に与えたもので、内容的には人生の中で得た自戒、あるいは生活信条のようなものです。

以下のような二十一条からなります。

独行道

一、世々の道をそむく事なし。

一、身にたのしみをたくまず。
一、よろづに依怙《えこ》の心なし。
一、身をあさく思、世をふかく思ふ。
一、一生の間よくしん（欲心）思はず。
一、我事におゐて後悔をせず。
一、善悪に他をねたむ心なし。
一、いづれの道にも、わかれをかなしまず。
一、自他共にうらみかこつ心なし。
一、れんぼ（恋慕）の道思ひよるこゝろなし。
一、物毎にすき（数奇）このむ事なし。
一、私宅におゐてのぞむ心なし。
一、身ひとつに美食をこのまず。
一、末々代物《しろもの》なる古き道具所持せず。
一、わが身にいたり物いみする事なし。
一、兵具は各（格）別、よ（余）の道具たしなまず。
一、道におゐては、死をいとはず思ふ。

一、老身に財宝所領もちゆる心なし。
一、仏神は貴《とうと》し、仏神をたのまず。
一、身を捨ても名利はすてず。
一、常に兵法の道をはなれず。

現代語訳しますと、次のようになります。

一、世の中のさまざまな道に背いてはならない。
一、わが身の楽しみを追い求めてはならない。
一、どんなことにもそれをたのみにする心を抱いてはならない。
一、自分中心の心を捨て、むしろ世の中のことを深く考えるように。
一、一生の間、欲深いことを考えてはならない。
一、一度したことについては後悔をしてはならない。
一、他人の善悪について嫉妬《しっと》してはならない。
一、いかなる道についても（おそらく人生、つまり愛する人との別れ、あるいは肉親の死なども含めて）、別れを悲しんではならない。

一、自分のことについても他人のことについても、不平を言ったり嘆いたりしない。
一、恋愛には関心を抱くな。
一、物事に好き嫌いを持ってはならない。
一、自宅を豪華にしようという心を持ってはならない。
一、常に身一つ簡素にして、美食を好んではならない。
一、代々伝えていくような骨董品《こっとうひん》を持ってはならない。
一、体にこたえるような飲食、つまり暴飲暴食や無謀な行動をしてはならない。
一、武具については特別なものを好んではならない。
一、自分の道を貫くためには、場合によっては死に向かうこともあるが、それを避けてはならない。
一、財産を貯《たく》えたり宝を持ったりしてはならない。
一、仏や神は貴いけれども、これを頼りにしてはならない。
一、自分の命が危険にさらされても、名誉心を失ってはならない。
一、常に兵法の道から離れてはならない。

いかがでしょうか。質素倹約、物欲へのいさめ、死への覚悟など、いずれも武蔵の心根が透けて見えて興味深いものがあります。なかでも「我事におゐて後悔をせず」「仏神は貴し、仏神をたのまず」などは、彼の信条として有名です。

武蔵に女の影なし？

しかし、『独行道』のなかでもとりわけ気になるのは、「れんぼの道思ひよるこゝろなし」（恋愛には関心を抱くな）という一条。武蔵という人は生涯女性を近づけなかったといわれていますけれども、実際はどうだったのでしょうか。

この章では、第三章にひきつづき、武蔵をめぐるさまざまな謎について見ていきたいと思います。まずは、この問題からいきましょう。

この条に関しては、二つの意見があります。一つは、宮本武蔵という人はじっさいには「女性には無関心であれ」ということを実行するのがなかなか難しかったという意見です。つまり、女性がたいへん好きで、女性に迷うことが多かったので、そんな自分を戒めるためにわざわざ項目の一つに入れた。武蔵は色欲に関してはむしろ弱みを持っていたのだという、少々皮肉な意見です。

これに対して、いやいや、武蔵という人はきちんとあるべき道を守ったはずだという意見もあります。『独行道』は武蔵が最晩年に、自分の人生の総決算のなかから引き出した次世代への教訓であるから、もっと謹厳な意味があるはずだ。真に女性に無関心だったか、あるいは無関心であろうと努め、それを守ったはずだという素直な見方です。

武蔵の女性観――。この点は、作家が武蔵を小説で描くときに大いに迷うところではあります。

吉川英治の『宮本武蔵』では、ご存知のとおりお通という架空の女性が登場し、二人の関係は文字通り清らかなまま終わります。武蔵はお通に恋慕の情を抱きますが、けっして普通の形では成就しません。一種、禁欲的な武蔵を描くことによって、吉川英治は独自の武蔵像を完成させました。武蔵は煩悩に悩まされながらも、目指す剣の道のために心を鬼にして封じ込める。お通のほうもそんな武蔵の心を理解し、いとしい人を陰からひっそりと慕いつづける。日本人の好む純愛の典型ではあります。

その一方で、武蔵のなかでは恋愛と性欲は別物だったのではないかという現実的な見方をする人もいます。恋愛は否定したけれども、いわゆる性欲については否定しなかったのではないか。つまり、遊女といった相手、いまでいう風俗関係に通うことなどはしたのではないかというのです。性欲は食欲と同様、健康な人間にとっては当然の欲求ですから、それをどのように処理したかはなかなか興味あるところです。

武蔵の女性関係に関する伝承はありません。が、一つだけ、武蔵が吉原に滞在し、雲井という下級の女郎と馴染《なじ》んでいたという巷説《こうせつ》があります。江戸の遊郭・吉原を作った庄司甚右衛門の六代の孫、庄司勝富が書きあらわした『異本洞房語園』（享保五年刊）に出てくる話です。

引用してみましょう。

新町河合権左衛門といひし者の内に、雲井とて局の女郎あり。彼に其頃、二刀の達人宮本武蔵が逢馴《あいなじみ》で、同町の揚屋甚三郎が許へ折々通ひける。寛永十五年の春中、肥前の島原一揆起り、西国御大名仰付られ発向の砌《みぎり》、宮本氏も黒田家の幕下へ見廻りとして、彼地へ赴くとて、雲井に暇乞のため、甚三郎が許へ来り、揚屋にて発足の用意をしたり。武蔵が指物《さしもの》は篦《へら》二本打違へたり。雲井を頼み縮緬《ちりめん》にて袋をぬはせ、篦に掛、青き筋緞《どん》子《す》の裁付《たつつけ》、又雲井が紅鹿子《かのこ》の小袖を裏に付けたる黒繻子《じゅす》の陣羽織を着たるよし。太夫格子の遊女ども、武蔵坊とやらんいふ人の出《い》立《で》を見んと、中の町に群集したり、寛濶《かんかつ》なる時代、宮本は聊《いささ》かもおくれたる気色もあらで、夫々《それぞれ》に餞別《せんべつ》の時宜を述べ、大門の外より迎馬に飛のり、勇み進んで打立けるといふ。

（現代語訳）

新町の河合権左衛門という者の店に、雲井という下級の女郎がいた。その頃、二刀の達人である宮本武蔵が雲井の馴染客となり、同町の揚屋甚三郎のもとへよく通っていた。寛永十五年の春、肥前で島原の一揆が起こり、西国大名が幕府に命じられて鎮圧に向かう折、宮本氏も黒田家の幕下へ見廻りとして、肥前へ赴くことになった。武蔵は雲井に暇乞いをするため甚三郎を訪れ、揚屋で出陣の用意をした。武蔵の指物は篦を二本ぶっちがいにしたものだった。武蔵は雲井に頼んで縮緬で袋を縫わせ、篦にかけ、青い筋緞子《どんす》の裁付袴と、雲井が紅鹿子の小袖を裏に縫い付けた黒繻子の陣羽織をまとった。太夫格子の遊女たちも武蔵坊とかいう人の出立をひとめ見ようと中の町に集まった。寛濶な時代であり、宮本は少しも臆する様子を見せず、皆に別れの挨拶をし、大門の外から迎えの馬に飛び乗り、勇んで出立していった。

なにやらわれわれが抱く武蔵のイメージとはずいぶん違います。が、これは後世の書物であり、確証がとれるわけではありません。武蔵に関する艶《つや》めいた話はこれくらいで、まわりに世話をする女性がいたとか、あるいは永遠の恋人があったとか、そういう話は一切残っていません。

これは史料でかなり確認できることなのですが、武蔵は生涯風呂に入らなかったそうです。行水して濡《ぬ》れ手拭《てぬぐ》いで体をふく程度のことしかしなかった。そのため、異臭がしたということです。武蔵は体が大きく、堂々たる体軀《たいく》であったといわれます。日々汗まみれになって鍛錬しているのに、風呂にも入らず異臭を放っていたとなると、おそらく、見た目はかなりいただけなかったのではないでしょうか。髪も梳《くしけず》ったことがなく、ほとんど着たきり雀だったといいます。

となると、「女性との恋愛関係がなかった」というよりも、「女性が寄りつかなかった」といった方がいいのかもしれません。そうであったとすれば、逆に夢が壊れる感じもしますが――。

二人の養子と「男色」疑惑

じつは、武蔵の周辺には、女性よりもむしろ男性の気配があります。たとえば、養子です。武蔵には三人の養子がいましたが、そのうちの二人がよく知られています。一人は造酒之助《みきのすけ》、もう一人は伊織《いおり》です。

造酒之助については次のような伝承があります（『丹治峰均筆記』）。

あるとき武蔵が摂津国で馬を雇うと、馬を引く馬子の少年がなかなか利発で、武蔵の問いにも機敏に反応し、たいへんよい面魂をしていた。武蔵が彼に自分の養子にならないかともちかけると、養うべき家族がいるので、侍にはなりたいけれども残念ながら希望には添えないという。そこで、両親に金を払ってもらい受けた——というものです。

造酒之助は武蔵の養子になったのち、徳川四天王の一人、本多忠勝の孫の本多忠刻《ただとき》に仕えます。造酒之助は忠刻にたいへんかわいがられ、よく取り立てられました。忠刻は若くして死ぬのですが、この際造酒之助も殉死し、姫路の書写山円教寺の本多家墓所内に主君とともに葬られました。

次に武蔵の養子となったのは伊織という少年です。伊織に関しては、「どじょう伊織」の名で知られる有名なエピソードが『二天記』にあります。

あるとき、武蔵は出羽の国でどじょうをとっている一人の童を見かけ、その器量が尋常ではないのを記憶にとどめます。その後、たまたま道に迷い、夜、農家に宿を借りに訪れると、その少年が現れました。武蔵は宿を借りて眠りにつきましたが、そのうち妙な気配で目を覚まします。少年が山刀のようなものを砥石《とい し》で研いでいたのです。武蔵が目覚めたことに少年はめざとく気づき、「お見かけしたところ、相当な兵法者と思ったが、なんと臆病なことよ」とせせら笑います。武蔵が驚いて、「いや、臆病なのではない。いったいこの夜中に何の用があって刀を研いでいるのかいぶかしく思ったのだ」と答えたところ、少年は次のように事情を説明しました。

自分には母はすでになく、父と二人暮らしだったが、その父が先日亡くなった。しかし、自分は子供であり、墓地は遠く離れており、手伝ってくれる人もいない。そこで運びやすいように父の体をばらばらに切り刻んで運ぼうとしていたところだ。

武蔵はその豪胆さと知恵に驚き、そんなことをする必要はないといって少年の父の遺体をかついで埋葬してやります。そして、天涯孤独の身となった彼を引き取った――というものです。

伊織は明石（のちに小倉）の小笠原家に仕え、二十歳そこそこで二千五百石の家老にまで出世しました。

武蔵の生涯には女性の影がない。そのかわりにといっては変ですが、二人の少年が登場し、まことしやかに出会いのストーリーが語られる。これについて、『宮本武蔵とは何者だったのか』の著者、久保三千雄氏は、武蔵はホモセクシュアルだったのではないかという大胆な仮説を展開しています。

えっ、と思う方もいるかもしれませんが、これは決して不自然なことではありません。戦国時代には「衆道《しゅどう》」という言葉があり、主君と家来がそうした関係を結ぶことは決して恥ではなく、むしろ誇りにすべきことだったのです。あの前田利家も、織田信長と男色関係にありました。利家自身もそれを誇りにしていましたし、周囲の同輩もたいへん羨《うらや》ましがっていた。ホモセクシュアルに対していまでこそ偏見がありますが、昔は非常におおらかで、当然のことであったのです。

造酒之助も伊織もともに賢い子供だったようですが、いずれも武蔵が初対面で養子にもらい受ける気になったことからして、人目をひく美少年だったとも考えられます。それを考えると、造酒之助に何の背景もないにもかかわらず本多家の君主に寵愛《ちょうあい》されたことも、伊織が小笠原家で異数の出世を遂げたことも、決して不思議ではなくなってきます。つまり、主君ともそういう関係にあったかもしれないのです。

これは、ちょっとした説得力のある面白い見方です。

ただ、伊織については出羽の片田舎のみなしごではなく、播磨の田原氏の出で、武蔵とはじつの叔父・甥の関係にあるという説もあります（伊織自身がそう言っています)。もしそうであれば、この話もまったくのフィクションで、男色関係についても邪推ということになります。

しかし、この血縁関係も、疑わしいといえば疑わしいのです。なぜなら、伊織は武蔵の死後かなり早い時期に、小倉の手向山に有名な武蔵の顕彰碑を建てますが、普通、子が親に顕彰碑を建てることはめったにありません(これも久保氏の指摘によって初めて気づいたことです)。むしろ、まったくないといっていい。昔の考えでは子が親の自慢をするのは慎むべきことであり、碑を建てるとすれば、他人が建てるものだったからです。

いずれにしても、武蔵の性生活については、残念ながらすべて推測の域を超えません。

武蔵の書画

宮本武蔵という人物が単なる剣豪ではなく剣聖とまでいわれる大きな理由としては、「万能の天才」であったことがあげられます。彼は兵法者であると同時にすぐれた芸術家でもあり、とくに絵画に端倪《たんげい》すべからざる作品が多数残っています。

武蔵の描いた絵画のなかから、代表的な名品を二、三紹介しましょう。

まずは「枯木鳴鵙図《こぼくめいげきず》」（和泉市久保惣記念美術館蔵）。枯れた木の枝にモズが止まって一声鳴き声をあげている図で、ご覧になったことのある方も多いと思います。人間の孤独を鳥に託して象徴的に表現しており、武蔵の作品のなかでも第一の評価を受けているものです。

三河国田原藩の家老で、優れた蘭学者にして画家でもあった渡辺崋山が、あるとき江戸の骨董屋で「枯木鳴鵙図」を見つけ、あまりのすばらしさに見とれ、あわてて友人から借金して買い求めたというエピソードがあります。この話はきちんとした史料で確認できますので、実話のようです。

次に有名な作品として、「布袋《ほてい》見闘鶏図」（一一六頁。福岡市美術館蔵）があります。中国の有名な画人の画題を受け継いだものです。布袋和尚とは、仏教では弥勒《みろく》菩薩と同体とされるいわば仏の化身。その仏の化身が杖《つえ》の上にあごを乗せ、闘う鶏を面白そうに見ている。まさに「兵法者の決闘を見物する神」といった趣で、これも武蔵の代表作として高い評価を得ています。

基本的に、武蔵は画題としては鳥が好きだったようで、雁の図、鵜の図、雀の図などが伝えられています。

また、武蔵は書についてもなかなかの腕前を持っています。もっとも有名なのは「戦気」の書（松井文庫蔵）で、戦気と大きく書かれた下に、やや小さめに「寒流月ヲ帯ビテ澄ムコト鏡ノ如シ」という白楽天の句が、一行立ちで続けられている。雄渾《ゆうこん》な筆致はじつにみごとで、鋭く大胆な武蔵ならではの個性を感じさせます。

先にも述べたように、かつて「武蔵複数説」なるものが唱えられたことがありました。それは、このように武蔵の芸術作品があまりに優れているために出てきたのです。一介の剣客がこれほどみごとな作品を生み出せるわけがない。同一人物のはずがないと、多くの人が考えたのです。

しかし、今では、所蔵する旧大名家の来歴などから、剣豪でもあり優秀な芸術家でもあった宮本武蔵という一人の人物の作品として、ほぼ認識が固まっています。

武蔵「師匠なし」の謎

ただ、ここで湧《わ》いてくるのは、武蔵はこうした優れた書画をいったい誰に学んだのかという疑問です。もちろん、持って生まれた才能もあるのでしょうが、彼がものしているのは本格的な禅画や仏画、山水の類ですから、まったくの無知識、無教養では描けるはずがありません。

ところが、この点を探っても、とくに師は見つからないのです。『五輪書』の冒頭部分で、武蔵は「兵法の利にまかせて、諸芸・諸能の道となせば、万事におゐて、我に師匠なし」、つまり、「自分はみずから極めた兵法の理に従って、もろもろの芸術や芸能もなしている。すべてにおいて自分に師匠はいない」と言い切っています。これほどの描き手にして普通では信じがたいことですが、やはり師匠はいなかったと考えてよいようです。

武蔵の絵画に関して、こんなエピソードが残っています。

あるとき、武蔵は主君から達磨の絵を描いてくれとの依頼を受けました。達磨大師とは、禅宗でいう「解《げ》」、すなわち悟りに至った仏にもっとも近い人間で、描くのは非常に難しい。武蔵は主君の御前で何度も描きましたが、どうしてもうまくいきませんでした。ところが、帰宅したのちにもう一度描いたところ、みごとなできばえで描けた。

そこで彼は反省してこう言います。

主君の御前ということで、つい「うまく描こう」と考えてしまった。本来なら無念無想の境地で描かねばならないのに、うまく描こうと思う心がじゃまになった。もし兵法の試合であれば、戦いに集中し、格好よく見せようなどということはもとより考えがなかったはずだ。にもかかわらず、それをやってしまったがゆえに失敗したのだ。

要するに、兵法の理をもってすべての道を貫くというのは、こうした点に投影されているわけです。その意味では、私は、武蔵にとっては絵を描くことも兵法修行の一環であったのではないかと思います。

しかし、「要するに独学の人なのだ」とむりやり納得してみたところで、消えない疑問はあります。

たとえば、「布袋観闘鶏図」などには中国の画人が描いた原画があるわけで、どこかで実際に目にしないことには描けるはずがありません。では、その原画をいったいどこで見たのでしょうか。

当時は美術館などありません。こうした名品はそれぞれ地方の大名家や豪農の蔵などに厳重にしまいこまれており、見せてもらうためには特別な紹介やコネクションが必要でした。仮に彼が兵法家として名をあげるなかで上流階級にある程度のコネができ、それらの閲覧が可能になったのだとしても、どこの誰がどのような名品を所有しているのかといった所在情報、また作者についての知識をどこで得たのかといったことが問題になります。

これらについても答えとなる史料などはなく、謎は深まるばかりです。

武蔵、「道具」にこだわる?

武蔵が得意とした芸術作品は書画のみではありません。ちょっと変わったところでは刀の鍔《つば》があります。

侍にとって、刀は生命の次に大事なもの。それだけに、当時の武士は細部に至るまで自分の好みにこだわったものです。とはいえ、刀の基本的な構造はすでに決まっていますから、替えられる部分は限られる。滑り止めのために柄《つか》をどのような皮で巻くか、鮫の皮にするか動物の皮にするかといった程度です。その点、鍔は装飾的なものをつけたり、実用一点張りの強いものを使ったりと、用途次第で差し替えられる自由さがありました。有名な例では織田信長は、自分の政策の象徴ともいえる「永楽通宝」を象嵌《ぞうがん》した鍔を愛用していました。

いま現存している武蔵作の鍔は、どちらかというと装飾の少ない頑丈なものが多い。彼は実戦の際に壊れにくく、長持ちすることに重点を置いたようです。

ここで、『独行道』のなかに「兵具は各（格）別、よ（余）の道具たしなまず」とあることを思い出してみたいと思います。

その意味するところは、「自分は特別な武具は必要としない」。一見すると、武具にはこだわらないという意味にもとれます。が、私はこの言葉はそうした意味ではなく、逆に彼は自分の使う刀や木刀、鍔などにたいへんこだわっていたような気がするのです。

先に、私は武蔵は小次郎と違って、長刀、短刀にこだわらなかったと言いました。それはその通りで、彼は極端に長い刀や鎖鎌や鉄砲といった奇抜な道具は使いませんでした。しかし、自分が「当たり前に使う道具」に対してはプロとしてのこだわりを持った。それが武蔵らしさではないかと思うのです。

もう少し説明しましょう。

有名な巌流島の決闘のとき、武蔵は舟の櫂《かい》を利用して即興的に木刀を作りました。われわれはつい、そんな「間に合わせ」的な武器でよく大切な決闘を闘うものだと考えてしまいます。しかし、そうではなく、それこそが武蔵のこだわりなのです。

「弘法筆を選ばず」という諺《ことわざ》がありますが、この場合はそうではありません。もし、櫂をそのまま使うのならば「弘法筆を選ばず」といっていいでしょう。が、自分の納得のいく形に削っているのですから、むしろ、大いに筆を選んでいるのです。

　武蔵は木刀の材質として「枇杷《びわ》」を好んだと伝えられています。私も枇杷製の木刀を見たことがありますが、硬いわりにはねばり強く、なかなか折れにくいという印象を受けました。

　ちなみに、武蔵はのちに、巌流島の決闘の際に使ったのと同様な木刀をもう一本作り、世話になった細川家の家老・松井興長（長岡佐渡）に記念に進呈したそうです。この木刀は九州八代の松井文庫にいまも残っています。

　なお、仏像彫刻のなかにも、武蔵作として伝えられているものがあります。優しい感じのする観音菩薩や弥勒菩薩などはなく、不動明王のような荒々しい仏像ばかりです（ただし、「枯木鳴鵙図」や「布袋図」のように、武蔵作の折り紙つきのものはほとんどありません）。

　それは、彼の内なる厳しさ――他人のみならず自己とも闘争しつづけた――そんな内面の現れなのでしょうか。晩年の自画像である二刀を構えた有名な図（一四頁）にも、みずからを不動明王に擬す形が見え隠れしているように思います。

武蔵の「教養」はどこから来たか

さて、武蔵の著述や書画などに触れますと、彼は柳生宗矩などとは違った意味で「禅」の影響を強く受け、非常に深く理解していたことが感じられます。

吉川英治の愛読者にとっては、そんなことはいまさらいうまでもないでしょう。というのも、彼が若い頃から沢庵禅師が折りに触れて登場し、精神面に大きく関わっているからです。

しかし、残念ながら、武蔵と沢庵が旧知であったことを示す確かな史料は一つもありません。沢庵だけに限りません。武蔵と実際に交流した禅家は、晩年、熊本に落ち着いたのちに親交した泰勝寺の春山和尚がはっきりしているのみで、前半生、とくに幼少期・青年期に禅の修行をしたり、禅僧と関わったりしたという史料は存在しません。これもまた不思議なことです。

吉川『武蔵』をお読みになった方はご存知のように、吉川英治は武蔵を姫路城の天守閣に三年間閉じ込めることによってこの問題を解決しました。沢庵が姫路城主の池田輝政に頼んで、天守閣をいわば「勉強部屋」として借り、武蔵を籠《こも》らせて禅書を含むあらゆる書物を読ませたのです。学問に親しみ、知識を身につけさせることによって、精神面に磨きをかけさせる狙いでした。この過程のなかで、無学で粗野な野人だった武蔵は、みごとな教養人として変身します。

姫路城は、確かに播州の中心地であり、武蔵の生まれた地方の領主の城ですから、まったく無縁とはいえません。しかし、三年間、そのような形で武蔵が万巻の書を読むというのはフィクションとしてもやや無理がある。小説家としての私の意見を言えば、大部にわたる吉川『武蔵』のなかでもいちばん苦しい部分ではないかと思います。

とはいえ、逆に言えば、そのくらい、武蔵がどのようにして教養を身につけたかわからないということなのです。

その点からいえば、武蔵は子供のころから武芸修行一点張りで育ったようにみられがちですが、じつは思いのほか学問の機会にも恵まれていたのかもしれません。すると、武蔵の出身や家柄は、ひょっとすると、想像よりも悪くなかった可能性すら出てきます。

武蔵、「金回り」の謎

武蔵の謎の最後は、彼の「ふところ具合」です。

諸国流浪の兵法者、妻も子もない一人者、着の身着のままのお構いなし、仕官の決まらぬ牢人者――。そうした要素から、武蔵にいかにも貧乏そうなイメージがあります。ところが、多くの史料が一致して述べているのは、武蔵には意外に「福力《ふくりき》」があったということです。福力とは財力、すなわち金に不自由しなかったということです。では、武蔵が何によって金を得ていたかといえば、「芸」(技能)を売っていたのです。

兵法もそうですし、絵画も書などの芸術も、みな芸です。たとえば、ちょっとした武家などで剣術を教える、富裕な町家の襖《ふすま》などに絵を描く。この時代、画家にせよ、兵法者にせよ、なにか特別な技能を持った人は、それを売り物にしながら全国をめぐることができました。武蔵ほど多芸多才であれば、かなりの収入を得ることはできたのではないかという気はします。

たとえば、俳人の松尾芭蕉は奥の細道をはじめ全国を旅して回りますが、なぜそれが可能であったかといえば、弟子、あるいは後援者が日本中にいて、ネットワークを作っていたからです。そのネットワークを頼れば何日も滞在でき、草鞋銭《わらじせん》、つまり旅費のようなものまでもらえました。もちろん、その場で俳句の手ほどきをすれば指導料ももらえ、旅から旅をしても経済的に困窮することはほとんどなかったのです。

むしろ旅して全国を回ったほうが、ちょうどいまの歌手の地方巡業のように、お金になったとすらいえましょう。

もっとも、芭蕉が『奥の細道』に書いているように、ほんものの田舎に行ってしまうと、宿すら貸してもらえず、一杯の水すら恵んでもらえないこともあったようです。そのような場所では俳句を指導する相手もいないのですから、商売になりません。

武蔵の回国修行というと、ただストイックに剣の道のみを追い求め、森に籠り、野に臥《ふ》し、樹下石上の毎日を送っていたように思いがちですが、けっしてそればかりではなく、現実的な生活の手段もしっかり探っていたと私は思います。

たとえば、現在残っている武蔵の書画は驚くほど多数です。われわれは美術的な見事さばかりに目を奪われがちですが、数の多さにももっと注目していい。なぜなら、その多さこそが、彼の「福力」の答えかもしれないからです。すなわち、武蔵は金を得るために絵を描いていたということなのです。

とはいえ、このように「芸」を売って、武蔵がどれほどの財産を手にしたのかまではわかりません。

ちなみに、『五輪書』のなかで、武蔵が「商いの拍子」（儲かるタイミング）について述べていることを先に見ました。彼は合理的な発想の持ち主ですから、案外、経済的な感覚にも優れていたのかもしれません。例の前田利家も「算勘者」といわれて金勘定に優れ、戦場にそろばんを持ち歩いていたと伝えます。

このような目で見ると、これまで見えなかった武蔵の新しい姿が浮かび上がってくるようで、面白い気がします。

第六章

武蔵はなぜ最強か——時代を突き抜けて

熊本城天守閣
1607年、加藤清正によって築城された熊本城は、国持ち大名の居城としては抜きんでた規模を誇り、大阪城、名古屋城とともに日本三名城と賞される。武蔵は晩年にいたって熊本藩主細川忠利の客分となり、生涯はじめての安息の地をこの熊本に得た。

「強い個」が求められる

いよいよ最終章となりました。では、最後に、いまなぜわれわれが武蔵に魅力を感じるのか、武蔵の特質を現代にからめて考えてみたいと思います。

いま、なぜ武蔵なのか――。その最も大きな理由は、冒頭にも少し申し上げましたが、私は「強い個が求められている」ことにあると考えます。

思えば、「江戸時代以前と以後」と、「昭和二十年以前と以後」という二つの大きな時代の変わり目は、ある意味で非常によく似ています。

江戸時代以前は武が重んじられ、個人的な強さが重んじられたのに、江戸時代以後は平和や秩序や協調性が重んじられ、むしろ突出した個は「出る杭《くい》は打たれる」方式に抑え込まれるようになりました。武蔵は必死の鍛錬を続けてアイデンティティーを見出《みいだ》し、自己実現したけれども、その結果成就した「道」は、泰平の世の中では角が立ちすぎていて、あまり受け入れられませんでした。そこに、武蔵の苦悩がありました。

戦前と戦後にも同じようなことがいえます。戦後は戦前とはうって変わって、あらゆる意味で個人的な強さを否定する方向に社会のコンセンサスが働くようになりました。「強さを重んじてきたから、軍国主義に走ってしまったのだ」といった反省意識からです。そんななかで、今度はみな共存共栄を目指し、平和的に、協調的に、社会組織の歯車の一つとして生きるようになってしまいました。

昭和二十年以降、さまざまな改革が行われました。たとえば、財閥解体、農地改革、教育基本法、普通選挙法の施行による男女同権。日本国憲法もそうです。これによって、みなが平等で平和になり、その当時は――おそらく家康が新しい社会秩序作りに着手した当初もそうだったと思いますが――新しい制度は非常に希望に満ちた色彩を持っていました。

しかし、五十年もたつとすっかり色あせてしまう。もともとは明るい未来を示唆していたはずなのに、ふと気づいてみれば社会はなにもよくなっていない。あるのは手詰まり感と閉塞感《へいそくかん》ばかりです。その結果、いま再び乱世の入り口、すなわち時代の曲がり角にさしかかっているのです。

そんなときに求められるのは、既成の価値観にとらわれない武蔵のような独創的な個性なのではないでしょうか。

武蔵みずからが「自分に師匠はいない」と言っているように、彼はあくまでも自分の力で人生を切り開き、剣の一流を立てるところまで行きました。時流には合わなかったけれども、自己の主張を曲げずに貫きました。そこに、われわれは一種の流れを感じるのだと思うのです。

日本でも十数年前までは徳川家康のような組織人が脚光を浴び、さかんにその経営学や方法論が研究されました。しかし、彼のような体制維持の人は、いまでは新鮮味はほとんどありません。その点では時代を切り開き、突破口を開けた信長のほうがまだ魅力的です。とはいえ、信長のなしたことは一種政治的な業績であって、たしかに天晴れではありますが、一般人にとってはあまりに遠すぎて現実味がない。

それよりも、いま、われわれは自分が個人として生きていくうえで模範となるような人物を求めているのです。この難しい社会のなかで、自己をしっかり持って処していくためのヒントが欲しい。そのような目で歴史上の人物をふるいにかけていくと、ほとんど残りません。しかし、神仏にさえ頼らない宮本武蔵という強い人物は残る。残った人間のなかでも最右翼に位置するのです。

『葉隠』と『五輪書』

武蔵の、そして武蔵の『五輪書』の独自性は、同じく江戸時代の著述である『葉隠《はがくれ》』と比較してみてもよくわかります。

『葉隠』とは、佐賀鍋島藩に仕えた山本常朝《つねとも》が引退にあたってみずからの半生を回顧し、武士の心得を語ったものを聞き書きした書で、武士道の聖典とも呼ばれています。

そのなかの最も有名な言葉は、

武士道といふは、死ぬ事と見付けたり。

『葉隠』を知らない人でもこの言葉だけは知っているといわれるほどで、武士は「常在戦場」、すなわち常に戦場にあるような心をもって、日々の生活のなかでもいつも死ぬ覚悟をしておけというものです。

このあたりは武蔵の姿勢とも共通するところがあります。

武蔵の有名なエピソードに、こんなものがあります。

あるとき、仕えていた藩主から、「お前は常々『いわお（巌）の身』ということを言っているようだが、それはどういうことであるか」と尋ねられました。すると、武蔵はただちに高弟の一人を呼び出し、「このたびお前は切腹することが決まった。すぐに支度するように」と命じた。すると高弟は「かしこまりました」とまったく表情を変えずに支度を始めた。それを満足そうに見ていた武蔵は彼を押しとどめ、藩主に「これが『いわおの身』でございます」と答えた——という話です。

「常在戦場」という言葉をそのまま行動で示したものといえるでしょう。

と、このように共通する部分はあるのですが、私はじつは『葉隠』はあまり買っていません。というのも、冒頭からしてこうあるからです。

釈迦も孔子も楠木も信玄も、終《つい》に龍造寺・鍋島に被官懸けられ候儀これなく候へば、当家の家風にかなひ申さざる事に候。

釈迦も孔子も楠木正成も武田信玄も龍造寺家・鍋島家に奉公した人間ではないから、尊敬するに値しない。——要するに「鍋島絶対主義」です。

これには少々面白い背景があります。もともと鍋島家は九州肥前の大名であった龍造寺家の家老職にすぎなかったのですが、龍造寺家の衰勢に乗じて乗っ取ったのです。このような人間にとっては、再び同じことをする家臣が現れてくるのが最も恐ろしい。こうした背信行為を防ぐために書かれた書物ではないかと私は思うのです。『葉隠』からは、たとえ鍋島の主君が仕えるにあたらないような愚昧《ぐまい》な人物であったとしても、絶対忠義をもって仕えよといったトーンが強く感じられます。

『葉隠』は確かに「武士道」を説いたものではあるのですが、要は、藩なりお家なりといった組織を維持するための心得なのです。

これとは対照的に、『五輪書』は、基本的に武蔵が個としてみずからのありようを追求したものです。そのうえで、個として一人の敵を倒す「小の兵法」は、多人数を率いて多敵を倒す「大の兵法」にもつながり、さらには国を治めることにもつながるとして、大きな広がりを見せています。『葉隠』とは方向性が正反対で、まったく異質のものであることがわかります。

武蔵と親鸞

おおむね、日本人というのは組織のなかにみずからの身を置き、組織とともに向上していくことに喜びを見出す民族であり、武蔵のようなタイプはむしろ例外であるといえます。

その意味で、彼は歴史上の人物の誰かになぞらえるといった類型化の難しい人物なのですが、もしあえて比すとすれば、私は親鸞ではないかという気がします。アグレッシブで闘争的な点では日蓮と共通点があるようにも感じますが、一見、まったく違う親鸞のほうが近いのではないかと思うのです。

親鸞という人は、自分の求める仏の道とは何かを終生追求しつづけました。これまでの仏教は間違っている、ではどうすればいいのかということが、常に頭から離れなかった。「自分が死んだら賀茂川に捨ててくれ」とか、あるいは「自分は法然上人に教わった南無阿弥陀仏を唱えれば誰でも浄土に行けるという教えを確信しているわけではない。しかし、これしか見つからないから仕方がない」といった厳しいことも言っています。

そもそも仏教とは衆生《しゅじょう》を救うためのものであり、民に伝道し、布教しなければ意味がありません。ところが、親鸞の主張に従おうとすると、組織を作って布教していくことにならない。親鸞は、自分の考えに共感してともに活動する人を同志として認めはします。しかし、自分は師でお前たちは弟子だという考え方をしないのです。

ですから、彼の子孫が「本願寺」を作るのですが、長い間いわゆる「マイナー」な寺でした。その後、この寺が大教団となるのは、途中で蓮如というある意味で柳生宗矩のような政治家が登場してきたからです。われわれはのちの巨大な本願寺から祖師としての親鸞を見ますので、彼がそうした側面を持っていたと思いがちですが、そうではありません。

親鸞も武蔵と同じように、求道者であり、個人主義の人であったのです。

武蔵の後継者はなぜ現れなかったか

しかし、求道者と呼ばれる人々は悪くいえば自己中心的で、周囲のことは考えない側面があります。人と協調したり妥協したりしながら何かの体制を作ったり、あるいは、自分亡きあと組織をどう維持していくかといったことは、あまり考えません。ですから、往々にして一代で終わってしまいます。

武蔵の立てた「二天一流」が、その後なぜ廃《すた》れてしまったのかが取り沙汰《ざた》されることがありますが、その理由は、こうした点にもよっているのです。

また、武蔵がさまざまな意味で「天才」だったことも理由の一つです。そもそも天才というのは生まれ持った才能であり、人に教えることはできないし、誰かが跡を継ぐこともできない。彼は自分の得たものを『五輪書』に集大成し、非常にわかりやすく書き残しました。しかし、それを読んだ弟子がすべてを理解して実践できるかといえば、やはり不可能なのではないかと思います。

そして、もう一つ、先にも述べたように、たとえ武蔵の兵法なり思想なりを受け継いでも、江戸時代においてはあまり意味がなかったこともあるでしょう。仮に武蔵のレプリカみたいなものが後に続々登場しても、社会に受け入れる土壌がない。彼のような人間は時代が必要としていないから出てこなかったともいえます。

逆にいえば、武蔵のような人間が出てこなかったことから、かえって江戸時代がどのような社会であったかがわかるともいえましょう。

一芸は諸芸に通じる

と、このように見ていきますと、武蔵がなにか日本人の「異種」であるかのように理解される方がいるかもしれませんが、けっしてそうではありません。

「一芸に秀でる」という言葉がありますが、一つなにかの道で究めた原理はほかの原理にも応用できるというのは——まさに武蔵のいう「兵法をもってすれば、諸芸諸能に通ぜざるところなし」ですが——非常に日本的な考え方でもあるからです。

たとえば桶《おけ》作り何十年の達人とか、酒造り何十年の達人といった人々を、われわれは非常に尊敬します。反対に、なんでも総花式《そうばな》にこなす人に対しては「器用貧乏」などと称してあまり評価しません。

武蔵とほぼ同時代の戦国武士で、出家して禅僧になった鈴木正三《しょうさん》という人がいます。この人は、職人がモノを作ることも仏の道、武士が技芸を磨くことも仏の道、そして、商人が金を稼ぐことも仏の道といったことを言いだした初めての人です。それまでは、人間がカネを儲けることは人をだますことであり、よろしくないというのが一般的な考えだったので、なかなか画期的な提言ではありました。

いまでも、われわれは「俳句の神様」「将棋の神様」といった言い方をよくします。武蔵は剣の神様であり、「剣聖」です。ですから、武蔵はある意味で、日本人のいちばんいいところを体現した人物であるともいえます。

男子の通過儀礼

日本的な価値観という意味でもう一ついえば、われわれが武蔵を好む大きな理由は、彼が朝鍛夕錬の努力家であるということです。

もっとも、このイメージがあたるのは、『五輪書』『独行道』などの武蔵というよりも、「吉川英治の武蔵」といったほうが正しいでしょう。実際の武蔵は吉川の武蔵よりも傲岸狷介《ごうがんけんかい》で、もっと自信家であったような気もするのですが、とりあえず、ここでは「大方の日本人が胸に描いている宮本武蔵」ということで、話を進めます。

吉川英治が描く武蔵は、あまりめぐまれない条件から出発し、厳しい自己鍛錬を経て、最終的に達人の域に達します。お読みになった方はご存じのように、最初の頃は剛腕の野性児というだけで、才能はもちろんあるけれども、けっして「生まれながらの天才」というイメージでは描かれていません。ここが一つのポイントです。

吉川『武蔵』を原作とした『バガボンド』も同様です。生まれながらの天才というなら、むしろ宝蔵院胤舜《いんしゅん》や吉岡清十郎のほうがイメージ的にはあたっています。

しかし、日本人は生まれつき豊かな階級、豊かな家庭に生まれた人間が成功してもあまり喜ばないし、努力しない本当の天才はあまり好まない。むしろ、成功しそうにない条件の悪い人間が、さまざまな苦難を克服しつつ、上へ、上へとのぼっていく姿に快哉《かいさい》を叫ぶのです。

吉川英治自身、『宮本武蔵』のはしがきで、武蔵の生涯は煩悩との戦いであり、人間的な修羅道を克服するための戦いであるといったことを述べています。これこそが日本的な価値観にぴったりと合致したのだと思います。

苦難の克服、煩悩との格闘、鍛錬による自己向上。こうした経験を経たのちに、ある境地に達する——。こうした点から私が思うのは、武蔵の苦闘のプロセスは、日本人にとっては一種の「通過儀礼」の意味をも示唆しているのではないかということです。

人間というものは、とくに男性は、青年期になにか自己を鍛錬するプロセスを経なければ大人になれないものです。女性はある意味で何もしなくても生理的に大人になれますが、男はなにか「通過儀礼」を経なければ、いつまでも子供のままだったりします。

少々飛躍になりますが、例をあげますと、たとえば中世には十五歳で元服して嫁をもらうことが、大人になる儀式でありました。江戸時代に遊郭に連れていってもらうことも、ある意味ではそうでした。これは世界的に共通することであり、アフリカのバンジージャンプなどもそうです。あるいは、ライオンを一匹獲《と》ってこないと大人の男として認められなかったりする。ボーイスカウトなどもそうです。ボーイスカウトというのは、イギリスのベーデンパウエル卿という方が創始したものですが、彼が参考にしたのはじつは日本の薩摩の「若衆宿」です。若衆宿とは、青年が非常に厳しい集団生活を経験して社会での規律を学ぶもので、そのなかで、女性との付き合い方なども教えます。近い所にさかのぼれば、戦前では、「徴兵検査」が一種の通過儀礼に当たっていました。すなわち、これに合格して初めて一人前の大人として認められるような役割があったのです。

しかし、いまはそうしたものはありません。ですから、いつまでたっても子供のまで、高校を卒業した十八、九歳なら立派な大人のはずなのに、犯罪を犯しても少年Aで済まされ、まったく自覚がありません。

いまでもいちおう「成人式」というものはありますが、最近の成人式で毎度のように子供じみた騒ぎが起こっていることからもわかるように、大人への仲間入りの役割をまったく果たしていません。

しかし、そんないまの若者のなかにも、なにか一つ扉を破って成長したいという思いはあるはずなのです。

私も含めて男性の方は経験がおありかと思いますが、中学生、高校生くらいの時期に、なにか「自分を高めたい」といった衝動に襲われ、誰に命じられたわけでもないのに突然腹筋を何十回もしたり、何キロも走ったり、武道を始めたりすることがあります。

とくに吉川『武蔵』を読むと、私は武蔵の闘争心はこうした衝動を象徴しているのではないかと感じますし、最近の男の子が『バガボンド』を読んで共感するのも、彼らがなにか「突き抜けたい」という欲求を持っていることの現れだろうと感じます。

逆輸入される武蔵

以上、いまの日本で武蔵が脚光を浴びる理由について見てきたわけですが、じつは武蔵は日本だけでなく海外でも注目され、高く評価されています。しかも、面白いことにその評価は必ずしもわれわれがとらえている武蔵像と同じではありません。その差異を見つめると、ひるがえって、武蔵の新しい価値に気づかされます。つまり、武蔵評価の逆輸入というわけです。

では、最後に、海の向こうでとらえられている武蔵像について紹介することにしましょう。

まず、西洋人にとって「サムライ」とは何かということからお話しします。

西洋人が日本人を評する場合、「あの男はサムライである」といった言い方をよくします。簡単に意味を要約すると、固い信念を持ち、誠意があり、禁欲的で、目的のために精神と肉体を常に鍛えることを怠らないような人間、ということになるでしょう。

「サムライ」という言葉は、西洋人のなかでは「カラオケ」や「ゼン（禅）」などと並んですでに国際語といえるほど定着しているのですが（そういえば、アラン・ドロン主演の映画に『サムライ』というのがありました）、なぜ定着しているのかといえば、宗教的にも文化的にもまったく違う日本という国においても、サムライという概念だけは理解できるからです。

これを逆に言うと、サムライ以外の存在はよくわからないということでもあります。その最たるものが「貴族」です。

平たく言いますと、日本の歴史上、貴族とは自分の手を汚さずに人に汚れ仕事をさせ、しかも汚れ仕事をやってくれた人々を軽蔑《けいべつ》する人種です。そして、汚れ仕事を実際に行うのが、武士です。武士の棟梁を征夷大将軍といいますが、これも本来は差別語であって、貴い人は手を汚してはならないため、その代わりに武士に刀だけ渡して征討させたという事実に由来しています。

「農耕民族」「狩猟民族」という言い方がありますが、これを貴族・武士にあてはめると、前者が貴族、後者が武士という対比になります。

日本ももともとは狩猟中心の縄文人の土地だったのですが、後から完全に農耕文化で動物を殺さない弥生人が大陸から入ってきて、天皇になりました。

天皇家の儀礼を見ますと、大嘗祭《だいじょうさい》、新嘗祭《にいなめさい》などを中心とする穀物儀礼ばかりです。西洋はもとより、海一つ渡った朝鮮半島や中国、シルクロードなどでも、動物を殺して血を捧《ささ》げるような儀式は少なくありません。しかし、日本では動物を殺して血を流すことは忌むべきこととされてきました。このように農耕文化優位の国なので、日本ではどうしても武士は上位に立てないのです。

そのような文化ですから、天皇や身分の高い貴族は武器を持たないいし、戦わない。他人にやらせます。これに対して、武士は生きるために自分の道は自分の手で切り開くし、現実問題として、敵がいれば武器を持って倒します。これは狩猟文化である西洋人と共通するところであり、いやな仕事に対して逃げずに立ち向かう人間は、彼らにとっても理想像です。こうした点から、「サムライ」は非常に理解しやすいのです。

「宗教的求道者」vs「狡猾な策略家」

このような「サムライ」の典型として、彼らは武蔵を読むわけですが、面白いことに、同じ西洋人でもヨーロッパとアメリカでは武蔵のとらえ方は対照的です。

たとえば、フランスでは武蔵を一種「宗教的な求道者」として、非常に好意的にとらえます。

フランスにも『三銃士』のような剣豪小説は存在するのですが、主人公のダルタニヤンは貴公子であり、酒飲みの女好きであり、言わば、一種の冒険活劇です。これに対して、武蔵のほうは向上心に燃えた一人の若者が厳しい自己研鑽《けんさん》の果てに超越的な兵法者になっていくという、禁欲的なストーリーです。フランスの人々の心の琴線に触れたのはこの部分であるらしく、ある批評家は「わが国の騎士道物語のなかにも、このような禁欲的なヒーローの話はあったのだが、『三銃士』以来、隅に押しやられ、忘れ去られていた。それを武蔵は思い出させてくれた」といった趣旨のことを述べています。

フランス人は日本の「ゼン（禅）」も好きですから、こうした結びつきから東洋の剣豪の思想を学ぼうという側面が強いようです。

一方、アメリカでは、武蔵の実戦的な面を研究しようといった傾向が顕著です。

それは、武蔵が輸入されたのがちょうどバブル以前、日本が自動車や半導体などでアメリカを押しまくっていた時期にあたっていたこととも関係します。アメリカ人は昔も今も「敵に学ぼう」という意識がたいへん強いですから、日本人が模範としている武蔵とはどのような人間なのかをさぐり、ビジネスの敵である日本人を研究しようとしたのです。

ヨーロッパの武蔵ファンはおおむね日本文化、もしくは日本武術の愛好家であり、読んでいるのはほとんど吉川英治の『宮本武蔵』の翻訳です。これに対して、アメリカで読んでいるのは、おおむねビジネスマンであり、吉川『武蔵』も読むけれども、むしろ『五輪書』の翻訳のほうを重視する。とりわけ「水の巻」「火の巻」に語られているような、敵を倒すための具体的な技術に注目しているようです。

国が違えばこれほどとらえられ方が変わるのも、面白いことです。

「コスモポリタン」武蔵

このように、武蔵の読み方、武蔵という人間のとらえ方は西洋人のなかでもさまざまなわけですが、一つ共通していることがあります。それは、勝つためには手段を選ばぬ武蔵の「策略的」な面を否定しないことです。

たとえば、わざと遅刻して相手を苛立《いらだ》たせる。あるいはいつも遅刻すると油断させておいて、早く姿を現す。そして、小次郎との戦いのときのように、「小次郎、負けたり」と言葉で機先を制して相手を動揺させる。敵をわざとムカつかせたり、相手の意表をついて裏をかいたりする。

こうした点は、じつは、武蔵に肯定的な日本人でも唯一評価の分かれるところで、なかには、「ずるがしこい」「武士道にもとる」といって非難する声すらあります。先に述べた直木三十五なども、武蔵が一乗寺下り松の決闘の際、吉岡清十郎の幼い遺児を真っ先に斬って捨てたことを難じています。

武蔵にこのような一面があったことは事実で、彼を論じるうえでは避けて通れません。武蔵のなかに「理想的日本人」を描きたかった吉川英治も、この点をどう表現するかに関しては、非常に苦慮したようです。

試みに、吉川『武蔵』のなかから、一乗寺下り松決闘後の武蔵の心中を覗《のぞ》いてみましょう。武蔵は決闘ののち比叡山に籠るのですが、身辺の世話をする稚児僧のなかに、斬って捨てた子供の面影を見出します。そのときの描写です（なお、一般に吉岡方の名目人となった子供は吉岡清十郎の息子の又七郎といわれていますが、吉川『武蔵』では清十郎の縁者の源次郎という設定になっています）。

「お客様」

と、稚児僧はその頭を見あげ——

「あなた様は兵法の修行者でいらっしゃいましょう」

「そうだ」

「なんで観音様なんか彫っているんですか。(……)その暇に、なぜ剣の勉強をなさらないのです?」

童心の問いは時によると肺腑を刺す。

——武蔵は、脚と腕の刀痕よりも、その言葉に、ずきんと胸の傷むような顔をした。ましてそう問うこのお小僧の年頃も十三、四。

下り松の根元で、闘いに入ろうとするや否や、真っ先に斬り捨てたあの源次郎少年と、——ちょうど年ばえも体の大きさも似て見える。

(……)

あれから、眠りについても、ちらついてくるのは——下り松の下で、敵方の名目人である源次郎少年が、

(——怖いっ)

と一声さけんだのと、松の皮といっしょに斬られて大地へころがった、あのいたいけな可憐な空骸《なきがら》だ。

(仮借はいらぬ、斬れ!)

という信念があればこそ、武蔵は断じて真っ先に斬ったのであるが――斬って

そしてこうして生きている後の彼自身は、

（なぜ、斬ったか）

と、そぞろに悔い、

（あれまでにしないでも）

と、自分の苛烈な仕方が、自分でさえ憎まれてならない。

と、このように、武蔵はたいへんに悔やむのです。

ところが、西洋人はそんなことは問題にしません。彼らにしてみれば、勝つためにあらゆる策略を動員するのはまったく当たり前のことだからです。

たとえば、日本ではまったくはやらないトランプゲームに「ポーカー」があります。なかには、ポーカーは麻雀と同じようなものだと思っている方がいますが、それは大きな誤解です。

麻雀というのは「役」を作らなければ点がとれない。けっして勝つことはできません。しかし、ポーカーの場合は、極端に言えば何も「手」がなくても勝てる可能性がある。ノーペアでもいい、何かすごい札を持っているような顔をして相手を降りさせ

てしまえばいいのです。逆に、ものすごくよい手を持っていても、まったくダメなふりをして相手をカモにすることもできる。これが「ポーカーフェイス」です。ポーカーフェイスで人を騙《だま》すことを「ブラフ」といい、西洋では悪い意味ではありません。武蔵が鞘を捨てた小次郎に対して「小次郎、負けたり」と言ったことは、まさにブラフにあたります。

しかし、日本ではそうした伝統がないせいか、ブラフには適当な訳語がありません。ときに「はったり」とも訳しますが、少々ニュアンスが違うように感じます。

思えば、日本人というのは西洋に比べればあまり戦争をしていない国民です。もちろん、応仁の乱や戦国時代のような時代はありましたが、海外のように民族まるごと生きるか滅びるかといった戦争は経験していません。ですから、ある意味でかなり「甘い」のだろうと思います。

しかし、そのような日本人のなかでも、武蔵だけはなかなかのものだ、少し見どころがある、と西洋人は評価したのではないでしょうか。

日本の歴史上、剣豪と呼ばれる人間は多々存在します。が、勝つために手段を選ばず、そのために、場合によると卑怯《ひきょう》ともいわれる剣豪は武蔵以外には存在しません。前章で述べた「異種格闘技」も同様でしょう。日本人は一般に柳生流のように紳士的な道場剣法を好みますが、武蔵にはそれとは異質な、雑草のような強靱さがあります。

ですから、日本的な感覚ではときに減点されることもあるのですが、国際的にいえば、むしろプラスポイントとなる。その意味では、武蔵は日本人の枠を超えたコスモポリタンな剣豪ともいえます。

敵を倒すことをまっすぐに追求し、無用の粉飾で言い訳しない潔さ、激変する世の中に流されない強い精神力、時代を超えて通用する独自の個性、言語・文化を超えて国際的に評価される戦法——。

あらゆる点を眺め渡して、私は、武蔵はやはり最強の剣豪であろうと思うのです。

宮本武蔵の生涯と主な決闘伝

※太字は決闘伝

年	年齢	武蔵の関連事項	関連人物	世の中の動き
天正十二（一五八四）	一歳	武蔵誕生（『五輪書』序文の記述による。天正十年説もある）。生誕地は播磨国（兵庫県）と美作国（岡山県）の二説がある。		秀吉、家康・織田信雄と小牧・長久手の合戦。イスパニア船が平戸に来航。
十三（一五八五）	二歳			秀吉、関白に任ぜられる。天正少年使節がローマ法皇に謁見。
十四（一五八六）	三歳		細川忠利誕生。	秀吉、イエスズ会のフロイスを謁見、大坂城天守を案内。
十五（一五八七）	四歳			秀吉、西征し、島津義久を降伏させる。キリスト教布教を禁ずる。聚楽第完成。
十六（一五八八）	五歳			秀吉、刀狩令を出す。

十七（一五八九）	六歳		秀吉、北条氏討伐を諸大名に命ずる。 秀吉、方広寺大仏を建立。
十八（一五九〇）	七歳	武蔵の父平田武仁没、と推定される。	秀吉、小田原の北条氏を征伐し、天下統一。 家康、関東に移封され、江戸城に入る。
十九（一五九一）	八歳		千利休、秀吉の怒りにふれて切腹。 秀吉の養嗣子羽柴秀次、関白となる。
文禄 元（一五九二）	九歳		秀吉、朝鮮出兵。
二（一五九三）	十歳		豊臣秀頼生誕。
三（一五九四）	十一歳	柳生宗厳・宗矩父子はじめて家康に謁見する。	朝鮮にて和議成立。
四（一五九五）	十二歳		関白秀次自殺。 沢庵宗彭、生国但馬から上京する。

年	年齢	武蔵の関連事項	関連人物	世の中の動き
慶長 元（一五九六）	十三歳	有馬喜兵衛（新当流）と播州平福村金倉橋にて六～七尺の棒で真剣の相手と闘い、投げ落とした上で打ち殺す。		明使、秀吉に謁見。
二（一五九七）	十四歳		足利義昭没。	朝鮮再出兵。
三（一五九八）	十五歳			豊臣秀吉没。 朝鮮出征軍ほぼ撤退。
四（一五九九）	十六歳	秋山某（兵法者）と但馬で闘い、打ち殺す。	荒木又右衛門誕生。	家康と秀頼、大坂城にて会見。
五（一六〇〇）	十七歳	豊臣方に加担して関ケ原合戦に参加する。敗れて主家新免氏とともに九州に潜行との説。また この頃、父武仁を豊後に訪ね、父とともに黒田氏に従って大友氏と戦うとの説あり。	柳生宗厳・宗矩父子、家康の命により大和を経略する。	関ケ原の合戦。家康方（東軍）が勝利。
六（一六〇一）	十八歳		柳生宗矩、徳川秀忠の兵法指南役となる。	

七（一六〇二）	十九歳		新陰流疋田文五郎、細川忠興に招聘される。	オランダ、東インド会社を設立。
八（一六〇三）	二十歳		柳生宗厳・宗矩父子はじめて家康に謁見する。	家康、征夷大将軍に任ぜられる。江戸幕府開かれる。
九（一六〇四）	二十一歳	吉岡清十郎（吉岡流宗家）と京都洛北の蓮台野にて木刀をもって闘い、一撃で肩を打ち折る。 清十郎の弟、木刀を持つ吉岡伝七郎と洛外にて素手で立ち会い、相手の武器を奪って打ち倒す。 清十郎の子、吉岡又一郎を名目人とする吉岡一門と洛北の一乗寺にて決闘。又一郎を切り捨て、勝利する。 奥蔵院日栄（宝蔵院流槍術）と大和・奈良にて短い木刀で立ち会い、相手の槍先を押さえ込み勝ちを得る。 宍戸某（鎖鎌）と伊賀で大小の二刀をもって闘い、小刀を投げて胸を刺し、大刀で切り捨てた。初めて二刀流が登場した決闘。		徳川家光誕生。

年	年齢	武蔵の関連事項	関連人物	世の中の動き
十（一六〇五）	二十二歳	江戸の某家に滞在中、柳生家家臣、大瀬戸隼人、辻風某（新影流）が乗り込んで来たのを、順番に木刀をもって立ち会う。まず大瀬戸は先を取って一撃で倒し、次に辻風を体当たりで吹っ飛ばして死に至らしめた。		家康、征夷大将軍を辞し、三男の秀忠が征夷大将軍に任ぜられる。
十一（一六〇六）	二十三歳		柳生石舟斎宗厳没。	江戸城大増築。
十二（一六〇七）	二十四歳		宝蔵院胤栄没。柳生十兵衛三厳誕生。	
十三（一六〇八）	二十五歳	夢想権之助（杖術・神道夢想流）と江戸（播磨説あり）で立ち会い、大木刀を持つ相手の眉間を削りかけの楊弓で打ち据えた。		家康、江戸から駿府城に移る。
十四（一六〇九）	二十六歳			西国大名の人質を江戸に住まわせる。

十五（一六一〇）	二十七歳		細川幽斎没。	家康、名古屋築城を諸大名に命ずる。
十六（一六一一）	二十八歳			家康、二条城で秀頼と会見。
十七（一六一二）	二十九歳	佐々木小次郎（巌流）と、豊前船島（巌流島）で、豊前細川藩の立ち会いの下に、三尺の真剣に対して船の櫂を削った木刀で立ち会い打ち殺す。	養子伊織誕生。	幕府、キリスト教の禁圧を始める。
十八（一六一三）	三十歳			伊達政宗、支倉常長をローマに派遣して通商を求める。
十九（一六一四）	三十一歳	大坂冬の陣に西軍として参戦。		大坂冬の陣。
元和　元（一六一五）	三十二歳	大坂夏の陣に参戦（東軍説と西軍説がある）。	柳生兵庫、尾州家兵法師範となる。	大坂夏の陣。豊臣家滅亡。将軍秀忠、武家諸法度・禁中並公家諸法度を定める。
二（一六一六）	三十三歳			家康没。中国以外の外国船の来航を長崎・平戸に限定。

年	年齢	武蔵の関連事項	関連人物	世の中の動き
三（一六一七）	三十四歳			日光東照宮造営。吉原に遊廓開設許される。
四（一六一八）	三十五歳			幕府、江戸城大奥に男子禁制等を定めた壁書を出す。
五（一六一九）	三十六歳	この頃、造酒之助を養子とする。		福島正則、改易される。菱垣廻船が運行される。
六（一六二〇）	三十七歳	播磨龍野藩藩士・三宅軍兵衛（東軍流）と姫路城下で二本の木刀で闘い、左で突き撥ねた後右で突き勝つ。三宅は以後武蔵に対し師礼をとったという。		支倉常長帰国。
七（一六二一）	三十八歳		家光、柳生宗矩に兵法を学ぶ。	織田有楽斎没。
八（一六二二）	三十九歳	この頃、姫路城下に仮寓。寺院の造庭、城下の縄張りなどを行うと伝わる。		大久保彦左衛門『三河物語』を著す。

九（一六二三）	四十歳			家光、征夷大将軍に任ぜられる。
寛永 元（一六二四）	四十一歳	この頃、伊織を養子とする。		土佐の捕鯨はじまる。
二（一六二五）	四十二歳			上野寛永寺創建。
三（一六二六）	四十三歳		養子造酒之助、姫路城主本多忠刻に殉死する。伊織、明石で小笠原忠真に近習として仕える。	家光上洛。後水尾天皇、二条城に行幸し、家光を謁見。
四（一六二七）	四十四歳			雲仙岳でキリシタン十六人が殉教。
五（一六二八）	四十五歳	この頃、尾張で柳生兵庫と出会う。	一刀流小野忠明没。	紫衣事件に関し、沢庵上書する。
六（一六二九）	四十六歳		柳生宗矩、但馬守を称す。	紫衣事件への抗議をとがめられ、沢庵、出羽上ノ山に流される。後水尾天皇退位。徳川和子の娘が明正天皇となる。

年	年齢	武蔵の関連事項	関連人物	世の中の動き
七（一六三〇）	四十七歳	徳川義直家臣（尾張藩）・某と尾張にて二本の木刀で対決し、位詰めで降参させた。		仙洞御所落成。
八（一六三一）	四十八歳			
九（一六三二）	四十九歳		熊本城主、加藤忠広改易され、代わって細川忠利、小倉から熊本に移封。小倉へは小笠原忠真が入封し、伊織を伴う。伊織、二千五百石を領する。柳生宗矩『兵法家伝書』を著す。宗矩、大目付に就任。	秀忠没。沢庵、赦免されて出羽から江戸に帰る。
十（一六三三）	五十歳			
十一（一六三四）	五十一歳	友人の高田又兵衛（宝蔵院流槍術）と豊前小倉で稽古試合するが、高田が棄権する。二人は終生の友人で、武蔵は高田に小刀を贈った。小倉の小笠原忠真の客となる。		荒木又右衛門、伊賀上野の仇討ち。

十二（一六三五）	五十二歳			鎖国令、参勤交代制度確立。
十三（一六三六）	五十三歳			「寛永通宝」の通用がはじまる。
十四（一六三七）	五十四歳	島原の乱に出陣。		島原の乱起こる。
十五（一六三八）	五十五歳	出雲・松江藩の松平直正家臣・某が主人の試合前に武蔵に挑戦。武蔵は木刀二刀で八尺の角棒に対し、面を打ち倒す。松江藩主・松平直正自らが木刀で臨むが、木刀二本の武蔵に位詰めに追い込まれ、木刀を折られた。	柳生三厳・宗冬ら、家光の剣法を供覧する。	島原の乱平定。
十六（一六三九）	五十六歳		柳生宗矩、剣術奥儀の秘書を家光に献上。	沢庵、品川に東海寺を開く。大久保彦左衛門没。江戸城本丸が全焼。
十七（一六四〇）	五十七歳	細川忠利の知遇を得、客分として熊本千葉城跡に住す。細川藩士・塩田浜之助が藩命により六尺八寸の棒で試合するが、短い木刀一本の武蔵に気で押され完敗する。		江戸城本丸復旧。

年	年齢	武蔵の関連事項	関連人物	世の中の動き
		名人と言われた細川藩士・雲林院（うじい）弥四郎光成と藩主・細川忠利の午前で試合。位詰めで追い込む。これが宮本武蔵最後の試合と言われる。		
十八（一六四一）	五十八歳	『兵法三十五ケ条』完。泰勝寺の春山和尚と交誼を結ぶ。	細川忠利没。	オランダ人を長崎の出島に移す。諸国で飢饉。餓死者多数出る。
十九（一六四二）	五十九歳			長崎に丸山遊廓が誕生。
二十（一六四三）	六十歳	霊巌洞にしばしば籠る。『五輪書』執筆に入る。		田畑永代売買の禁止。春日局没。
正保　元（一六四四）	六十一歳			江戸・佃島が造成される。
二（一六四五）	六十二歳	『五輪書』完。『独行道』完。五月十九日没。泰勝寺大淵和尚により葬儀が行われる。春山和尚が引導を渡し、埋葬される。		沢庵没。

三（一六四六）		柳生宗矩没。	明人鄭芝龍、清との戦争で、日本へ援軍を求める。
慶安 三（一六五〇）		尾州剣法師範柳生兵庫没。柳生十兵衛三厳没。	
四（一六五一）			家光没。由井正雪の乱。
承応 二（一六五三）	伊織、郷里の泊神社社殿の造営に奉仕。		男色禁止令。カルタ賭博禁令。
三（一六五四）	伊織、小倉手向山に武蔵の顕彰碑を建てる。		中国僧・隠元が来日。
延宝 六（一六七八）		伊織没。	江戸市中の無宿人、佐渡金山に送られる。

参考文献

「史料考證・勧進・宮本武蔵玄信」谷口　覓
「宮本武蔵　その実像と虚像」棟田　博　新人物往来社
「宮本武蔵とは何者だったのか」久保三千雄　新潮選書
「新版宮本武蔵のすべて」岡田一男・加藤　寛編　新人物往来社
「宮本武蔵　二天一流の世界」一川格治　土屋書店
「講談宮本武蔵」サンマーク出版
「宮本武蔵」吉川英治　講談社
「随筆　宮本武蔵」吉川英治　講談社
「新版　日本史年表」歴史学研究会編　岩波書店
「二刀流の習い方　現代剣道」荒関二刀斎　壮神社
「新編実録・宮本武蔵」早乙女貢　ＰＨＰ文庫
「五輪書」宮本武蔵著　渡辺一郎校注　岩波文庫
「五輪書」宮本武蔵著　神子　侃訳　徳間書店
「対訳　五輪書」ウィリアム・スコット・ウィルソン英訳／松本道弘現代語訳　講談社
「日本随筆大成　第三期第二巻」日本随筆大成編輯部　吉川弘文館
「日本史年表・地図」（吉川弘文館）
「江戸時代館」（小学館）

宮本武蔵のことにつき

私が、井沢元彦先生の御著書について解説などとは恐れ多いのですが、「宮本武蔵」と見ると見境無く飛びついてしまう「武蔵オタク」として、つたない感想を書かせて頂きます。

この本でも書かれているように、宮本武蔵の生涯はかなり謎に包まれていて、出生地にも諸説あるのですが、終焉の地は間違いなく、私の生まれた熊本県熊本市（肥後細川藩）です。

父は家に鎧《よろい》を飾っているほどの大の日本史好きで、なかでも熊本と縁の深い宮本武蔵をこよなく愛しています。ですから、私も幼い頃から歴史に親しみ、宮本武蔵に対する尊敬の念が異常に膨《ふく》らんだのだと思います。いまでもインタビューや優勝の挨拶で、尊敬する人物として宮本武蔵の名を必ずあげます（ちなみに私の師匠、清元登子《きよもとたかこ》先生は『女武蔵』と呼ばれていました）。

熊本には数多くの史跡があります。熊本城を始めとする加藤家、細川家に関するもの、西南の役の田原坂《たばるざか》とか、古くにさかのぼれば平家落人伝説の五家荘《ごかのしょう》など、全国的な名所が直ぐに浮かんできます。

なかでも、熊本市の西方、金峰山麓《きんぽうさんふもと》にある霊巌洞《れいがんどう》は、父に連れられて子供の頃から何度も行きました。井沢先生が書かれているように、武蔵はこの洞窟で「五輪書」を書き上げたからです。

霊巌洞にまだ行かれていない方には、ぜひ一度は行かれることをお勧めします。うっそうと茂った木立に囲まれた洞窟の中には岩戸観音《いわとかんのん》像が安置されていて、神秘的雰囲気に満ちています。ここだからこそ兵法書「五輪書」を書くことが出来たのだとうなずくことが出来るはずです。井沢先生は、

「広い意味での思想書、あるいは技術書の中で、宮本武蔵の『五輪書』ほど読みやすい文章は近世以前ではまれなことがよくわかります。それはやはり宮本武蔵が『実戦の天才』だったからといえるのではないでしょうか」

と、指摘されていますが、その武蔵の文章の真髄《しんずい》をさらに現代人に分かりやすく解説してくれているのが本書だと思います。

私は武蔵の「信じるは己《おのれ》だけ」という言葉が大好きですが、第四章にお書きになっている次の文が大変印象に残りました。

「武蔵がもう一つ強調しているのは『拍子《ひょうし》』の重要性です（兵法の拍子の事）。

拍子とは現代語では『リズム』と訳すべきでしょうか。要するに、あらゆるものごとにおいて大切なのはリズムであり、音楽などの芸能はもちろん、武芸の道においても例外ではないという主張です。たとえば、弓を射《い》ること、鉄砲を撃つこと、馬に乗ること。それだけではなく、商《あきな》いの道にもリズムがあると武蔵は言います」

ゴルフのスイングもそうなのだな、とあらためて感じます。私も試合で駄目になるときは本当に自分のリズムを失っていますから。

このように、宮本武蔵の五輪書は現代でも実戦に活《い》かせることがたっぷり詰まっています。それを井沢元彦先生が本当に分かりやすく分析し、わたしたちに、これまであまり気が付かなかったことを教えてくれるのです。

風呂に入らなかったり、髪をばさばさなまま結《ゆ》っていたり、など武蔵には偏屈《へんくつ》な人間といった印象がありますが、実は人生の達人でした。井沢先生もこう指摘しています。

「日本人は一般に柳生《やぎゅう》流のように紳士的な道場剣法を好みますが、武蔵にはそれとは異質な、雑草のような強靱《きょうじん》さがあります。（略）敵を倒すことをまっすぐに追求し、無用の粉飾で言い訳しない潔《いさぎよ》さ、激変する世の中に流されない強い精神力、時代を超《こ》えて通用する独自の個性、言語・文化を越えて国際的に評価される戦法――。あらゆる点を眺《なが》め渡して、私は、武蔵は最強の剣豪であろうと思うのです」

そして井沢先生はこうした武蔵の資質は日本の中では時には減点の対象になるかもしれないが、国際的にはむしろ評価されるだろうと分析しています。これは私たちスポーツ界に人間ばかりでなく、現代のビジネスマンも学ぶべき点ではないでしょうか。さらに私が強調したいのは、こうした武蔵の教えを教育に活かしていって欲しいということです。

私はもともとジュニアゴルフ育ちで、また今でもジュニアゴルファー育成協議会で子供たちと接することも多いのですが、最近のいじめや、その結果としての自殺事件に対し、本当に心が痛みます。子供たちが宮本武蔵の強靱な精神と実戦力を知り、力強く生き抜く心を育ててもらいたいと思います。

この本は、子供を持つ親の方や、学校の先生にもぜひ読んで頂きたいと思います。

二〇〇六年十一月

プロゴルファー　古閑《こが》美保《みほ》

本書のプロフィール

本書は、二〇〇二年十二月、『宮本武蔵　最強伝説の真実』（NHK出版）として刊行されたものを新たに文庫化したものです。

シンボルマークは、中国古代・殷代の金石文字です。宝物の代わりであった貝を運ぶ職掌を表わしています。当文庫はこれを、右手に「知識」左手に「勇気」を運ぶ者として図案化しました。

―――「小学館文庫」の文字づかいについて―――

- 文字表記については、できる限り原文を尊重しました。
- 口語文については、現代仮名づかいに改めました。
- 文語文については、旧仮名づかいを用いました。
- 常用漢字表外の漢字・音訓も用い、
  難解な漢字には振り仮名を付けました。
- 極端な当て字、代名詞、副詞、接続詞などのうち、
  原文を損なうおそれが少ないものは、仮名に改めました。

宮本武蔵《みやもとむさし》　最強伝説《さいきょうでんせつ》の真実《しんじつ》

著者　井沢元彦《いざわもとひこ》

二〇〇七年一月一日　初版第一刷発行

編集人――飯沼年昭
発行人――佐藤正治
発行所――株式会社　小学館
〒一〇一-八〇〇一
東京都千代田区一ツ橋二-三-一
電話　編集〇三-三二三〇-五六一七
販売〇三-五二八一-三五五五
印刷所――凸版印刷株式会社

ISBN4-09-408137-2

小学館文庫